밤송이가 아람이 벌어지다

밤송이가 아람이 벌어지다

오한별 시집

| 글라잡이 작가로서 인사말 |

　예수님에 비유의 예화에서 한 달란트를 감추기만 해서 악하고 게으른 종이라고 주인의 책망을 되새기면서도 입에 거미줄 치는 창작이라 7년 동안 절필했었는데 국외에 돌아가서 2016년에 활약한 한국어 교원으로 한국어의 필수 언어를 연구하여 낡고 해묵은 사투리나 토착어를 주목하고 캐내서 시 창작을 시도했었는데 국내에 돌아와서 일상사 원대로 되지 않아 난관에 부대끼고 곤란에 처하고 드디어 휘어잡았는데 놓치고 더디어지고 그럼에도 불구하고 일어나라 빛을 발하라 구절처럼 순우리말 서적을 보고 집필에 몰입하며 신선한 순 우리글의 정보를 인터넷과 유튜브를 활용하여 동기 동력으로 부단히 단어를 딱 맞고 짝 맞추고 8년간 길고 긴 지난한 작업을 끝마무리하고 玉稿를 내봅니다.
　독특한 토착 말로 최초로 거의 창작시를 출품하겠다는 집념이 구년지수 해 돋는다 말마따나 최종 마지막에서 지난해 100편째 작품을 끝마감하고 해외에서 교인분에게 희망 사항인데 제3집을 출판할 것이라고 굳게 다짐했었는데 신청 기간의 한 달을 놓치면 내년이라 단념해야 하는데 그래도 기한에 접수하고 마침맞게 올해 6월 21일 자에 예술 활동 준비금인 삼백만 원이 선정되었습니다.
　절묘한 축복으로 그때그때 제때에 신기한 한수같이 순 한국어의 문자를 한자씩 분석하여 명확하게 기존의 단어에서 독창적인 말로 이때 저 때 바꿈으로 개발자라는 긍지에서 특기한 글쓰기를 체험하여 순 한국말로 맞아떨어지면 끝마치고 작문했는데 부족하지만 더 바랄 나위 없이 고통의 보람입니다.

  제1, 2집에서 미비한게 듬성듬성 드러나 검토 수정의 강력한 욕구와 가슴에 순수한 사랑을 담기만 했는데 옛적에 餘情의 내용이 줄줄이 그림을 그리듯 나타나 오늘에 사람 사이가 비정한 가운데 내로라할 주제와 소제는 나이가 들어가며 애심이 들어오는 것입니다.

  한 아이가 하도 따라서 사랑스럽게 돌보았는데 자연스러움을 부자연스럽게 童心을 모독하는 곡해하는 말로 형언할 수 없어 서글퍼지는데 시로 묘사하여 형상화하면 얼마나 멋져질까 또 내면의 고찰을 남기고 싶다는 사명감인지 또한 실은 어쭙잖은 식견이고 얼치기 시상에 신묘한 섭리인 성경 말씀을 막바지에 인용하여 앞뒤에 맞게 시 짓기와 결합하고 구현한 것은 오묘한 은혜를 마다하지 않고 영감을 주셨기에 모름지기 때맞게 나타나는 창조물을 맛봅니다.

  나랏말싸미 얼 한땀 한땀 마침

- 필리핀에서 위급할 때 시절 연분인 고마운 한국인

　물질은 에끼고 동고동락하면서 다른 이와 사이에 얽혀지면 외롭지 않게 같이 제 편을 들고 좋은 일도 나쁜 일도 주고받고 받아주고 이견이 있어도 외면하지 않으시고 매일 문제를 풀면서 의견을 나누고 견해가 상충돼도 무단히 억울하게 곤경을 겪으면 역경도 같이 누린 제가 누를 끼친 실수를 사과하면 토닥토닥 관대히 풀시시고 이국에서 다망한 세월을 함께한 존경하는 김상배 옹께 글로나마 여생이 평강하기를 바라 마지않습니다.
　출국하고 한꺼번에 맞물려 미친 막다른 한계에서 긴급할 때마다 고국에 지원의 뜻으로 다급히 카톡에 문병태 형님과 오종욱 동생에게 연락했는데 믿을 만한지 의심 않고 돕는 원조자가 되어 야멸차게 뿌리치지 않고 적은 돈에서 큰돈이 되는데 사이사이 따뜻한 정을 보고 싶게 구제했는데 겨우 자비를 마련해 착한 믿음이 오는 소문을 듣고 밀린 여권 수속 작업을 대행하신다는 마닐라 새 생명교회 쉼터의 일꾼으로 봉사하신 이관철 님에게 식사를 하면서 의외로 만나 사안을 들어주셔 이미그레이션에서 업무를 받아들어 지인에게 비행기표를 예매했는데 허탈하게 비행기편의 시간대를 놓쳐 머무르게 되자 시집을 읽으셨다며 여러 번 연락을 취하셔서 빌붙기 싫다며 표시했는데 배고파 곯고 물컹해진 처지로 내몰리자 명가 식당에 구원을 간청했는데 유숙과 식비를 적당히 분수에 맞게 타서 올챙이가 솔잎을 먹고 연명했는데 비싸지 않은 싼 비행기의 티켓팅과 마닐라 공항까지 케어하셔 상관하지 않으면 한편으로 굶고 죽을 수 있는데 갚을 수 없는 빚인데

삭칠 뿐인데 감사할 따름으로 입국했습니다.
 먼 옛날 독서량이 많고 문필력이 탁월하다는 학교 생활 기록을 목도하고 어떤 가운데 끊김 없이 필치하여 창조시를 지어내는 돈을 모으는 발전은 전혀 없지만 끊임없는 잠재성의 소질에 놀라는데 명예롭게 보은하라고 그림과책 출판사에서 출간하여 시집 선물로 답례하고 싶어 언급했는데 바라옵건대 사업체가 번창하시고 영육이 건승하시기를 바라고 그 외 마닐라 한인 중앙교회에서 보코보 한글학교의 사역에 이영진 목사님께서 주님의 뜻을 이루소서 이 향미 자매님과 장영상 형제님 도우미의 덕에 여러분 대한민국으로 무사히 귀국하여 천생의 기도로 하나님을 믿사옵나이다.
 예외로 진실되게 거들은 임범석 형께 덕분에 드리고 진심으로 봐준 아버지와 어머니 만수무강하세요.

시 짓는 이 오한별

차 례

글라잡이 작가로서 인사말 … 4
필리핀에서 위급할 때 시절 연분인 고마운 한국인 … 6

1부

메리 크리스마스이브 데이 … 18
알콩달콩 아기랑 … 19
밤볼 지다 그리고 볼우물 … 20
밤하늘에 머무는 문맥 … 22
이 세상에서 나와 당신 사이 … 24
엄마의 어부바 … 26
밤송이가 아람이 벌어지다 … 29
情에 관련한 斷想 … 32
개구리 발 담쟁이 오르다 … 34
아기의 나비잠 … 36
한 소년의 눈사람 만들기 … 38
엄마 놀이하자 … 40
선애기별 꽃 … 41
애정의 언덕배기가 되어 책임지다 … 42
버스는 내달리고 아이와 맞닿다 … 44
인생은 아름다워 영화의 연기에서 … 48
도담도담 아이야 … 50
커피숍에서 향기롭게 글짓기 … 52
집 안팎에서 겹귀염 … 54

혜성의 꼬리별을 맞추기 때문이지요 … 58

쫄래둥이 … 61

아이 귀여워 … 62

꽃맺이 … 64

애 보기 추억 … 66

갓밝이에서 해넘이까지 두루딱딱이 맞갖다 … 69

도파니 비 맞이 … 70

2부

사시랑이 그느르다 … 72

밝은 해 … 73

달보드레하게 삼촌이 떠먹이다 … 74

시계꽃 … 78

달곰하여 흡만함 … 79

서로 다른 사람들아 … 80

누리보듬 … 82

가늘라 … 85

일출이 되어 일몰로 … 86

아해 사랑옵다 … 88

안개 눈 속에서 자전거 타기 … 90

아기 다복솔 … 92

내게 있어 비가 오는 날 … 94

아이와 식사하다가 실랑이 … 96

거울지다 … 98

보푸라기의 결심 … 100

어린 아가를 둥개질 … 102

홀앗이와 가시버시 … 103

아이와 돌개바람 … 104

소설 소나기를 읽고 짧은 詩化 … 106

서로 사맛디 … 109

술적심 … 110

아기똥하다 … 111

삼촌은 왜 안 온대 … 112

풋과일 똘기 … 114

쓰름매미 … 116

아이라와 닷오다 … 118

아기 보고 또 보고 … 121

민들레 꽃씨였지 … 122

흐르는 가람 사이로 야생화를 보라 … 124

3부

밑둥이 서낙하다 … 126

자족 … 127

거짓되기보다 참되기 … 128

정든 아이와 이별 … 130

진정眞正 … 132

닷옴 그래서 닷옴이 그리움 … 134

물비늘이 눈부시게 빛난다 … 136

햇살의 환희 … 137

소라고둥 껍데기 … 138

항상 기뻐하라 … 140

곰비임비 … 141

야속해도 또 다른 곳에 가서 보라 … 142

한밝에 느껍게 흐놀다 … 144

됨됨이를 위하여 떨쳐입다 … 145

타인에게 기대감 거꾸로 본인에게 … 146

인류애의 사랑 … 147

꽃집 아이의 고갱이 사진 … 148

애짓다 … 150

차림표 … 151

심통한 텃세 … 152

니체와 상반된 내세관의 입장 … 154

꿈나무 … 156

겨끔내기 … 157

정체성이 해바라기 불꽃 … 158

설중매 … 160

내딛다 … 161

디디다 … 162

4부

띠앗 … 164

아침 … 165

띠앗머리 … 166

김 서린 안경 … 168

혜윰 … 169

십자가 교제 … 170

혼돈의 대상 … 171

아름다운 생명 … 172

역설 … 174

고백과 독백 사이 … 175

겸손히 아울러 흐르는 하천河川 … 176

포도 송아리 … 178

터득 … 179

장미꽃 너에게로 … 180

상처가 옹이로 오달지다 … 182

안달 날 때 심상의 날개를 펴자 … 184

스스로 안아주세요 … 186

늘해랑 … 188

말글 부려쓰다 … 190

나나 너나 비교는 … 191

향기香氣 … 192

고팽이 인생 … 194

다그다 … 196

주만 바라볼 찌어라 … 197

한뉘의 채송화 … 198

단언컨대 대강 … 200

바닥을 치고 선한 마음으로 걸어가야 … 202

감쪼으다 … 204

온새미로 … 205

자복 기도 … 206

1부

메리 크리스마스이브 데이

고요한 밤 거룩한 밤
아기가 탄생하셨네
세계만방에 알린 밤
동방박사가 알았네

저 들 밖에 한밤중에
골목길에 담장에서
노엘 노엘 노엘 송을
대문 밖에서 불렀네

기쁘다 구주 오셨네
예수님 역사하셨네
육신의 사명을 다해
영혼을 사랑하셨네

알콩달콩 아기랑

아빠가 아기 떠맡기자
내가 돌보고 아기 양손을
포개어 붙들고 앞으로 당기고
뒤로 밀고 시장 시장 시장질에
아기가 앙하고 방글방글 발랄하다

엄마가 아기 떠맡기자
내가 돌보고 아기 양팔을
쳐들고 떠신다 그넷줄을 끌어
당기며 한참 아기 그네 떠밀고
아기가 앙하고 벙글벙글 재미있다

밤볼 지다 그리고 볼우물

양 볼에 살이 찐
입술 다문 아이가
그 얼마나 웃긴가
입술 열어 가지런한
이가 드러나 웃는다

웃음보 터진 환한 얼굴에
밤볼이 찐 살이 한껏 부풀어
내 뇌리에 간직한
사진 속의 아이 얼굴
쾌활하게 웃어 저절로
양 볼이 더욱 볼록한 중앙에
오목진 자국 볼우물이
깊이 팬 아이의 얼굴

나 언제나 시간이 지남에 따라
잊어버리지 않아
심중에 얼비치다
사진을 잃어버리지 않아
두레박으로 한가득 푸고
길어 올려 함지박에

밤볼 지다 그리고
볼우물을 떠서 즐겁다

밤하늘에 머무는 문맥

글 고운 시 쓰기 시작하면서
문득 밤하늘에 머무는 문맥
별똥별에서 기나긴 무의식
꼬리 긴 생각의 티끌을 달고
의식의 고뇌 속으로
별찌로 추락한다

어쩌라고 우주에서 뭇별을 돌던
암석을 허섭스레기로 보지 않고
지구 중력에 이끌려 문맥의 띠로
빛을 내며 별찌흐름으로 대기에
들어가면서 타버리지만 끝까지
남아 별똥돌로 들어오면서 적확

글 고운 시 적기 끝나면서
복불복의 노력으로 떨어진
알천 같은 별찌돌의 운석을
타인이 아닌 자기가 톺아봐서
우수한 값어치라고 증명하는
문맥의 맥락이 맞는 시어

글 고운 시여
길고 긴 생각의 띠들이
시맥으로 이을 수 있으련만
번쩍 어둠을 밝히는 별 꼬리로
밝은 유성으로 빛 내자구나
번쩍번쩍 좋을 시의 금맥

이 세상에서 나와 당신 사이

창공에 구름 사이로 햇빛이
화창하게 비출 때
내 마음을 빛으로 감쌌습니다
이 세상에서 나와 당신 사이
구름이 와서 흐리게 가려도
당신은 내 빛입니다
당신을 향한 나의 사랑에
빛은 받을 만큼 충분해
이제는 역지사지로
당신에게 뜨거운 사랑의 빛을
선심으로 돌려 드리고 싶습니다
이 세상에서 나와 당신 사이
구름이 와서 흐리게 가려도
잠시 흐려질 뿐
사랑의 빛은 가려진다 해도
어련하고 찬란합니다
어차피 사랑의 뜨거운
빛은 구름 사이에 비춥니다
이 세상에서 나와 당신 사이
설운雪雲이 빛을 막고 대신
우설雨雪를 뿌리는 말로

거짓이 진실에 섞여
굉장히 막연한 상황에도
강한 믿음의 바탕으로 버틴다면
성긴 것뿐 강한 사랑의
빛을 막지는 못할 것입니다
이 세상에서 나와 당신 사이
우려대로 미몽迷夢의 흐린 날이
오래 지속될지언정 겨울나기 하는
식물의 근본은
뜨거운 사랑의 빛을 체험한
내력이 있기에
차가운 눈을 뿌리는 눈구름 뒤에
다른 뜨거운 사랑의 빛을
강하게 믿기에 당신이
눈에 보이지 않아도
당신을 위하는 마음을
항상 간직하고
멋진 일을 하고 싶습니다

엄마의 어부바

엄마의 상그레 따스한 손길
감싼 강보에서 초롱초롱
생긋방긋 입이 귀염귀염
뽀송뽀송 볼이 말랑말랑
애오라지 같은 형편인데
모든 세상을 가진 것처럼
엄마 팔 안에 아가가 귀염

엄마의 쌍그레 뜨스한 눈길
요람에서 덜렁 앉아 물고
모윰 쪽쪽이를 꼬물꼬물
달망달망 서서 깡충깡충
요리조리 볶고 귀찮은데
세상을 모두 가진 것처럼
엄마 품 안에 젖먹이 아가

아가가 앙짜 호기심에 엄전하고
앙증맞게 올랑올랑 아양 아양
엄마가 바라지면 칭얼칭얼
아가가 휘들램 마구발방 나대며
엄마가 가뭇없어서 두 눈이 휘둥그레

아가가 덩그맣게 울고불고 앙앙대며
엄마가 다다라서 아가가 싱긋벙긋

서로 안으려는 엉너리에
아가가 앙글거리며 쫓아와
엄마가 발맘발맘 쫓아가
아가가 칩떠보고 추켜들며 두 팔로
앙살궂게 떼쓰며 응석 부리고
하롱하롱 엉살궂게 성가셔도
허룽허룽 나부대도 엄마는 포옹

앙세게 껑충껑충 뛰어다니며
쪼그려 옹알옹알 말하려 해
아기작 아기작 아장아장 걷고
아부 재기 앙가발이 노닐며
아가는 두 손가락을 치켜들고
아망 부리며 연거푸 보채며
엄마가 오냐오냐 업어 줄게

홀연히 등짝을 돌리며 무릎 굽힌
엄마에게 아가의 두 팔이 어깨에

두 다리는 허리에 밀착해 업혀
엇걸린 두 팔로 아가를 올려놓고
엉덩이가 누그러지지 않도록
엄마는 힘껏 일어서서
어부바 어부바하다

어부바하며 중얼중얼
엄마가 덩그러니 도닐며
다리를 뒤돌아 굽혀
땅바닥에 내려놓고
아가가 흥얼흥얼
움찔움찔 기울고
하품을 하고 졸다

귀염둥이 뽀뽀뽀
눕혀놓고 살짝살짝
자장자장 토닥토닥
야옹이 인형을 끌어안고
소록소록 잘도 자는구나
소담한 아가와 곰살맞은
엄마의 자장가 미쁘다

밤송이가 아람이 벌어지다

아이를 처음 만날 때
낯선 삼촌을 보자마자
즉시 뒤돌아 낯익은 아빠한테
부둥켜안고 송이밤이 되어
몸이 떨어지거나 떨치지 않네

아이가 가직이 붙어도 설면설면 낯가리며
멀찍이 섬서하고 어물쩍 볼만장만하니
다가앉아 웃는 삼촌이 말을 걸자
삐치며 투깔스런 가시 둘러친
송이밤 껍질 겁이 많은 아이
새초롬한 눈망울로 튕기며
삼촌을 서먹히 쏘아보다

벌써 밤나무가 되고 싶은 삼촌은
포갬포갬 마음답게 보살피려고
깜짝깜짝 무엇을 베풀면서
너스레 하게 해낙낙거리자
얼김에 쌉싸래하여 송이밤 아이가
고개를 삥등그리며 자빡을 대어
쏘아붙이고 새침데기 부르대다

가시 돋친 밤송이 아이가 토라지고
가엾이 울먹이고 살천스러워도
넉살맞게 삼촌은 푸접하고자
아이가 자부락대도 눌러듣고
조릿조릿 얼렁뚱땅 낌새를 봐도
시나브로 살펴보는 삼촌에게
야무진 아이가 자냥스럽다

흔들비쭉이 아이가 감쳐물며
아금박스럽고 쌀쌀맞아도
삼촌이 다라지며 너그러이
푼푼하게 언죽번죽 상냥하자
여무진 오진 아이가 삐뚜름
어벌쩡하지 않고 쌩긋빵긋
밤송이가 아람이 벌어지다

아이가 야지랑 떨며 더넘스러워
까무러진 삼촌이 외려 익살맞자
밤송이 아이가 웃음을 짓고
이물 없이 삼촌아 나 잡아봐라

똘망 밤톨이 새새거리며 떨구고
재바르게 삼촌이 푼더분하여
앞질러 머지않아 아이 잡았다

게다가 삼촌의 너털웃음에
설핏 생긋뱅긋 샐쭉 아이도
올찬 거리낌 없는 소리를 내지르자
샐샐 새살거렸는데 설익은 밤알에서
알찬 거리끼지 않는 잘 익은 알밤으로
짱짱한 어린이에서 흡족한 깜냥깜냥
어른이로 영글어 훌륭히 빼어나거라

情에 관련한 斷想

정다우면 볼 수 없어도
언제라도 그리워한다
인연과 인연이 엮어져야
연속 연이어 이음이 되어
지속 따뜻한 情이 이어진다면
따뜻한 情을 돌려주고 돌려받고
환상적이지만 실상은 따뜻한 情이
쌈박질로 식어져 차가운 인연으로
말미암아 언제고 상실될 수도 있다

인정人情이 있는 사람은 화목
인정人情이 없는 사람은 반목
진정眞情 한마음은
아픔을 둘로 뚝 나누고
기쁨도 반으로 나눴기에
처음부터 온정이 순수하고
끝까지 욕망이 없다면
곱으로 주고받지 않고
냉정하지 않고 공평하다

반사회적인 치정 관계는

불량한 욕정에서 발생하니
불결한 가식이 깃든다고 해도
순결한 인정人情이 아니고
무얼 노리는 게 꿍꿍이가 있어서
맨 처음과 달리 뒤 끝에 반하여
손해를 끼치면 치사해지는
선연히 아닌 악연이 당연하다

고운 정에서 미운 정으로 변질되면
몰강스러운 입장이 되니 삼가야
혹시 극한으로 치달은 정서情緒라도
즉시 정다움이 불변하다면 관용하고
아무쪼록 이익을 얻게 된다면
탐욕에 의해 이루어진 이익보다
연정緣情에 의해 이루어진 이익이
정다운 인정仁情이라서 또렷하다

개구리 발 담쟁이 오르다

윤동주의 시어들 서시 나의 길로 가야겠다는
꽃봉오리가 책의 담벼락마다 피어 있다
최남선의 해에게서 소년에게 국어의 담벼락마다
최 시인의 시어들은 꽃송이처럼 불어 봄날의
아지랑이처럼 나부낀다

김현승 시어들 김 시인의 시집에서
비로소 나의 오랜 잠을 깬다 나는 혼자서 내 가슴에 품어 준다
나는 내게서 끝나는 무한의 눈물겨운 끝을 시인의 시각으로
담벼락마다 절대 고독의 언어들이 액자로 걸려있다

박재삼 시어들 박 시인의 시집에서
이 강산에 진달래꽃 피었다 분홍 봉오리처럼
시방 눈부신 햇살 속에 진달래꽃을 제목의 진달래꽃이
저 서점 담벼락마다 군데군데 피어 있다

나의 시들이 오르고 있다
까만 천장에 붙은 새싹이 하나둘 갓난아이처럼
고개 내밀고 시어들은 담벼락에 오르는 담쟁이처럼

개구리 발같이 한발 한발 내밀고 있다

아기의 나비잠

어미가 유난히 아기를 지그시 흥미롭게 보다가
나비천사와 판박이 아기가 상체를 납신 나앉아
양손으로 아기자기 만지며 빠끔살이 소꿉질을
움켜쥐고 꼼지락꼼지락 후딱 하체를 서서
깝신거리며 달랑쇠 나돌아 다녀 조잘대다가
아기가 양팔로 어미와 얼싸안고 맞비비다

나비가 돌아다니며 날아와 날개를 접듯이
젖내음에 흠흠 물러진 고픈 배에 울어대어
젖어미가 빼꼼 젖꽃판을 도드라지게 내민
젖꼭지를 흠씬 입으로 더끔더끔 쭈쭈 빨려
젖먹이가 어미의 젖가슴을 흥흥 비비다

나비와 같이 날개를 펄럭이며 젖 고랑에서
봉긋한 젖 꿀송이 더듬이 말린 빨대를 꽂고
젖샘에 꿀 젖을 들이마시며 영롱히 흥취 한
아기는 물크러진 젖 꿀을 섭취하고 약간 느슨
나른하여 마주 보는 젖줄을 잊고 자다 깨다

핫어미가 살랑살랑 자장가를 흥얼거리고
선잠 깬 해맑은 눈동자를 감겨 재우고

넌짓 가슴 꽃판에서 가만히 이불에 누이면
양팔을 머리 위로 펴면서 양손을 옴켜쥐고
꽃잠의 꿈결에 배냇짓하고 살랑 날아가
꽃 향에 들앉아 몽롱히 자는 조막만 한
아기의 나비잠에 넌지시 눈길이 도탑다

한 소년의 눈사람 만들기

밤새 설풍 솔솔 눈 알갱이 흩날려
포슬눈 내리고 포실하니 하얀 설경
차가운 웅등그리는 날씨에도 한 소년이
수북이 깔린 눈더미에서 움츠린 추위에도
온몸을 오그려 앉아 정성스레 털장갑 낀
양손으로 매만져 조물조물 눈을 뭉쳐 싸네

눈 뭉치를 바삭바삭 말아 감는 소년이
혹독한 눈바람에 옴츠린 한추위에도
동그란 눈 뭉텅이를 썸뻑 흐벅지게 하려
눈 낀 털장갑에 양손이 시러워 입김으로
호호 녹이고 서서히 온기가 도로 돌아
으등그리며 눈덩이를 동그랗게 굴리네

한데 덩이진 눈을 매동그리며 다니는
앙당한 소년이 눈 덩어리가 불어서 다닫는
덩어리진 눈의 큼지막한 몸통에 기다란
나뭇가지를 가져와 꽂으면서 털장갑을
곱송하게 앙당그리며 끼우고 들어 얹힌
얼굴에 목도리를 매고 털모자를 씌우네

쌈빡 어루만져 동그란 눈동자를 알박고
오뚝한 코를 꺼내어 동그랗게 입을 붙이며
자그맣고 앙바틈한 소년이 뭉뚱그리는
초심을 잃지 않고 조형물을 만들기 위해
미완성에서 완성하려고 채비하는 대로
깜냥 따뜻한 손길로 수작을 하네

눈보라에 두터운 외투를 차려입고
잔뜩 몸집이 웅둥그리며 걷는 이에게
눈여겨 보란 듯이 차끈히 팔다리를
손짓발짓이 딴기적은 사람들에게
드맑은 크나큰 노을이 누긋하니
겨울이 맵차도 웅둥그리지 말라며
포근한 눈길에서 소년이 말끄러미
정녕 푸근하게 사람 눈을 안아 보네

엄마 놀이하자

우리 엄마 놀이하자 응
삼촌은 아가 나는 엄마
피곤하다 그만 놀자
얼음처럼 꼼짝 않자
두 손으로 내 팔을 끌어당기며
애원하며 보채기 시작하자
그래 알았다 네가 아가잖아
무릎에 걸터앉혀 바로 눕히고
재우러 가슴을 손바닥으로
살짝살짝 다독이며
엄마가 섬 그늘에
동요를 불러주자
멀어진 엄마가 순식간에
걱정되나 얼어붙은
얼굴이 빨개지더니
엉엉 울면서 내 다리에서
벗어나 서서 내 옷을
잡아당겨 일어나 일어나
엄마한테 가자
엄마한테 가자

선애기별 꽃

낮에 산책길 꽃밭을
걸으면서 내려다보았다
수목 울창한 초록 비탈에
파랑 하얀 앙증맞은 단아한
밤에 애기별과 닮아서 붙여진
선애기별 꽃이 올려다보았다

애기같이 순수해 하늘이 열린다
웃자라지 않게 짧은 상태에서
제자리를 지키고 더위도 견디는
양지에 별 모양 꽃이 맺혀 있는 걸
제자리를 지키고 추위도 견디는
음지에 별 모습 꽃이 맺혀 있는 걸
집에 돌아와서 야생 사전을 보니

햇볕이 잘 드는 모래질 토양에서
선애기별 꽃 한우리 양지 청초해
그늘진 곳 축축한 습기 토양에서
선애기별 꽃 한우리 음지 청아해

애정의 언덕배기가 되어 책임지다

자주 폭설이 마구 퍼붓듯 냉엄한 삭풍 속에서
견뎌 나오는 희망을 위해 극복하고 인고해야 한다고
하얀 눈의 언덕배기가 되어 뒤덮어주고
동병상련의 애잔한 눈물로 위로와 격려를 해주며
뒤끝이 없는 심정으로 차갑지만 부드럽게 충고하며
함께 울어 주는

웅성웅성 거리는 희번덕 벽력 심쿵 한 거친 비바람에
가느다란 가지에 매달린 잎사귀 몇 장이 휘청이며 찢기듯이
벌써 떨어져 나간 걸 연연하고 한탄하는 것은 부질없어
다시 자라는 날을 위해 기약하여 다시금 시큰해져
신경을 쓰며 언덕배기가 되어 단짝으로
함께 지켜 주는

한 치 앞을 보지 못했는데
마치 안개가 말쑥이 사라져 보이듯이
시야를 넓혀 바라보고 그저 지나가 버리는
눈에 보이지 않는 바람이 아닌 눈에 보이는
언덕배기가 되어 스스럼없이 기대는
이윽고 꽃과 열매가 주렁주렁 열린 걸 보고

함빡 미소로 함께 웃어 주는

버스는 내달리고 아이와 맞닿다

전지적 관점으로 서서히 휘 보면
다양한 차가 도로 중앙선 양편에서
정반대로 엇갈리며 차도를 내달리고
인도에서 엄마가 요람을 끌고
아빠는 보호본능을 일으키는
아이의 손을 잡고 도보하는 주변에
이런저런 행동으로 제 갈 길 가며
보도하는 사람을 동시에 알 수 있다

목격이 되는 사람 사이에 동선의
당사자인 삼촌이 갔다 오는데
지레짐작을 하는 아이와 맞닿으려
어수선한 주위를 아랑곳하지 않고
삼촌이 버스 행선지 알림 전광판을
번거로워도 예사롭게 보지 않고
나열하여 흘러가는 문구를 뚫어지게
하찮아하지 않고 똑바로 주시한다

여러 사람과 버스 승강장에서
환승하려 휙휙 내둘러보며
버스가 오는지 차분히 기다리며

경유하는 버스 세 대가 한동안
정지하며 보도에서 탑승하는 느린
승객을 태우고 재빨리 사라지고
예고된 정각은 아니지만 대기 줄에
버스가 와서 입구 문이 열린다

삼촌이 가서 질서있게 타자마자
상차 단말기에 교통 카드를 대며
가녘에 설치된 세로 봉과 가로 핸들을
잠깐씩 잡고 트임새 공간을 가로질러
뚜벅뚜벅 걸어 중간에 서서 응시하니
뚜렷한 차창에 풍경 속 장면이 바뀌고
속도 간에 양옆의 탑승객을 지나치며
빈 의자가 보인 맨 끝에 서 앉는다

버스가 친숙한 사거리 구간을 돌며
예정된 노선을 달리는 걸 지각하며
의자에 나와서 틈새 사이를 걸어서
벨을 누르고 안내 음성을 알아듣고
나가서 하차 단말기에 카드를 대고
곧 버스가 미끄러지듯 도달하여

곧장 침착히 정차하길 바라면서
보짱 급정차 시 대비하고 있다

신속히 발걸음으로 내리자마자
도착한 버스가 느린느린 움직여
출구 문이 닫히어 출발하여 가고
지정거리며 몸통을 휘휘 둘러보면
횡단보도를 빠른 걸음으로 건너서
큰 구조물 및 작은 단독주택 사잇길을
꽤 걸어서 아파트 단지가 너렁청하여
건물 동을 지나서 엘리베이터에 들고 난다

더나가 친숙한 우리 집에 당도하자
철제 현관문에 비밀번호를 꼼꼼히
획 버튼을 찍어 누르고 획 도어락을
끄잡고 들어가 현관에서 신발을 벗고
유리가 낀 미서기 문짝을 밀어젖혀서
거실에 놀았던 아이가 뭐 하나
따뜻한 시선의 눈동자로
곰곰이 획획 휘둘러 본다

두 눈이 회동그래한 시야에서
어질러 놓은 학용품을 내두르는
흔적만 있어 의아해 해찰하였나
내돌리는 교구만 되작이며 만지작
그제는 삼촌이 느지거니 내다보니
거실 중문 문턱에서 손꼽아 기다렸나
아이가 찡그리며 엄살을 피우며
눈물을 훌쩍이며 쳐다봤다

어제는 아이를 치다꺼리하는
삼촌 어머니에게 생떼같이
돌봄에 활기찬 마음으로
삼촌이 달려 들어가고
아이가 일찌거니 설레발치며
우와 삼촌 왔다 달려 들어오고
이제는 활력의 생급스러움으로
회상만으로 아이와 마주 닿다

인생은 아름다워 영화의 연기에서

나쁜 쪽에서 좋은 쪽으로
잘 뒤집히지 않을 때
극심한 망실에 허덕일 때
한 편의 동영상이 재현되네

나치의 폭압에 유태인으로 한 가족이
잡혀 맞설 수 없는 갇힌 엄혹한 현실에서
비극을 희극으로 아들에게 보여주기 원하는
아버지가 냉혹한 현실을 역이용해
아들이 받기를 원하는 전쟁 영화같이
재치 있게 논픽션 영화를 실현하네

남들까지 웃기게 하고 성격이 밝아
여심까지 안 놓치고 잡을 수 있었던
아빠가 참혹한 죽음의 수용소에서
사랑하는 아들이 무사할 수 있게
간절한 마음에서 희생까지 하며
믿고 따른 아들을 살아나게 하였네

인생은 아름다워 영화의 연기에서
서사적 虛構에 사실적인 蓋然性을

부여하는 핍진성이 미더워서
감명이 큰 울림에 실감이 나는 것은
무거운 가운데 가벼운 작은 人間愛가
잔잔하게 이루어져 깨우치게 한다네

나다운 아버지가 목숨을 바치는 것처럼
억지로 우스꽝스럽게 거짓으로 꾸며도
힘겹지만 아들의 생명을 지키기 위해
처음부터 아버지가 하는 말과 행실은
다른 사람이 아니라 내 아들이라는
확신으로 父性愛를 발휘한다는 것은
나중에 생환이 되어 救命의 恩人에게
참다운 눈물을 믿을 것이다

도담도담 아이야

아이가 책가방에서 동화책을 꺼내서
뚜벅뚜벅 동화책을 품 안아 오다
손가락 두 손에 동화책을 내밀어
삼촌 읽어 주세요 좋은 버릇이라
여전히 곁에 앉혀 책 어름에
좋아하는 내용의 책장을 펼쳐
재미있게 성대모사를 하며
또박또박 읽고 싶었는데
허리 통증에 드러눕고 싶어서
정신이 허락해 주지 않아
안돼 쉬었다 올 게

매우 표정이 섭섭한 아이를
삼촌이 다독이며 이른 말
혼자서도 TV를 잘 보지
삼촌이 리모컨을 갖고 와
화면을 향해 켜자
도담도담 아이야는
작은 몸을 일으키고
소파에 얼른 올라가서 기다려
아이가 오나라 노래를 홀로

잘 불렀는데 삼촌이 때마침
드라마 대장금을 틀어 마무리

예 삼촌 저 혼자 볼게요
리모컨을 이리 주세요
삼촌 아따맘마 보고 싶어요
스폰지밥도 보고 싶어요
다음은 제가 할게요
슬기롭게 스스로 척척 알아서
리모컨을 작동시켜 떠든다고
안 돼요 두 손을 손사래 치며
재빨리 입 밖에 검지를 세워
입안에서 쉬 쉬 내뿜는데
삼촌을 역으로 안심하게
타일러서 휴식시킨다

커피숍에서 향기롭게 글짓기

커피를 볶는 솜씨가 탁월해
커피포트로 뜨거운 온수를 따르면
커피 향이 코에 어리어 탁자의 받침대에
커피잔을 들고 마시면 맛이 입에 엉기어
커피숍에 흐르는 클래식 음악으로
두루두루

막간에 고독을 즐기려 노트북에
어휘를 모아서 조합 퇴고하여
커피를 한 모금 한 모금 마시며
그리기와 버리기를 하며
감미롭게 느껴지며
두루두루

옛날과 지금을 막론하고
제 갈 길로 오면서 애증이 있는
상대와 만남은 그리지만
제 갈 길로 가면서 애증이 없는
상대와 만남은 버리지만
제 것으로 만들려는 노력은
무엇에 대한 애증이 있고 없고

커피숍에서 향기롭게 글짓기 하며
묵직한 찐 맛의 에스프레소가 담긴
고소한 한 모금의 원두커피를 마신다

집 안팎에서 겹귀염

짐짐한 기분이 휑뎅그렁 썰렁해
침침한 분위기가 얼추 앙당그레
심심한 바깥이 맥쩍어 애발스럽게
곱상한 아이가 몸뚱아리를 곧추서서
밖 손잡이를 옹그리며 올려 잡고
소리치며 이문 열어봐 삼촌 외쳐
까치발로 애근히 아름차다

아리짐작하던 삼촌이 반가워
엉너릿손 꼴로 안 손잡이를
내려 잡고 빼꼼히 열어보니
아이가 민낯을 들이밀며 내다보는
똘망한 두 눈의 눈동자가 겹귀염
들뜨며 보암보암 훗훗 머리를
쓰다듬고 애만지면 몸뚱어리를
아모리는 곱살한 아이는 조르며
낯빛 흐뭇하게 삼촌을 붙좇다

꼴랑 낯짝을 디밀며 삼촌 뭐해
아이가 곱다랗게 달뜨며 짬에서
몸뚱이를 휙 뒤돌아

안방 방문을 닫으며
깡동대며 두런두런
따분한 방구석을
삼촌이 건잠머리해서 앎
의자에 올라타 책상 서랍을
내어놓고 뒤적이며 가위를 끄집어
고개를 코 박으며 한 손으로
가위질을 하며 싹둑싹둑
자르고는 알량 거리는 놀이에도
자칫 딴짓하지 않고 칠칠하며
짜장 손놀림이 잡도리 차리다

삼촌이 곰살갑게 어루어
아이가 오리는 작업이
시풋 시들고 제자리에
가져가서 도로 넣고
거추하며 손끝 맺고
삼촌에게 버성기면
싸목싸목 붙따르니
곱디고운 뺄때추니를 봐주러
아금받은 삼촌이 재우치며

아이와 붙접 손잡고 멀찌가니
가풀막 짜름한 마실 나가도
민틋한 모꼬지 나름 나와도
딴 데 가서 난달 드나드는 어귀에
조붓한 가겟집에 와서 다가온다

아이가 매대에서 갈마보고
군것질을 골라서 찜하니
삼촌이 알짬을 갈음하니
도리암직한 아이와 함께
손에 손잡고 셈틀대로
발밤발밤 슬쩍 제값을
발밭게 여겨보고 지갑에서
삼촌이 돈을 챙겨 넘겨주니
에누리도 할 수 없이
얼마라 불러 여겨듣고
깍듯하게 마중 셈하며
우수리와 나머지 넘겨받고
다른 곳으로 다가간다

주위에 겉가량 물건들을

애바르게 어림짐작하면서
삼촌이 날쌔게 사람들의 곁다리를
아이와 지나쳐서 삼촌이 손샅으로
겉속봉지 반쯤을 찢어
걸핏 단팥묵을 내밀면
아이는 손아귀에 금세 옴키고
맛깔나게 야금거려 얻어먹어
굼슬겁던 삼촌이 두남두니
아이가 한눈팔아 몰래 날래게
꼭꼭 숨은 삼촌이 잉큼 잉큼
아이가 혼잣말로 어디 갔지
삼촌이 몰래몰래 두 팔을 쭈욱
언뜻 두 손바닥을 펴서 아이의
두 눈찌를 가리면 웃음소리가
암팡져서 마음결 미소지다

혜성의 꼬리별을 맞추기 때문이지요

그날은 단박에 기회가
안 돼 안 돼 안된 일에
절망하여 암담한 신세
기회에서 위기가 되어
이미 되돌릴 수 없어
미련을 어떠 하리오
내가 기망을 선택했는데
세상을 원망하리오
위기를 가망으로 돌릴 이오

선망하고 부러워하는 일은
아니지만 멀찌감치 하고 싶은
갈망으로 방해를 통과하여
오랜 기간 시험을 준비해
초미에 필기는 합격하였지만
말미에 도전하는 면접에서
불합격하고 낙망하여
참담하고 보이지 않는
설움의 허망이여라

과거의 의망한 기회가

역으로 미망한 위기로
진척의 동기로 삼고
현재의 유망한 기회가
역으로 무망한 위기로
진취의 동력으로 삼고
미래의 여망이 오기 위해
될 일은 된다 된다 되새기며
의미 부여를 하면 대번에
열망의 원동력이 되어
사고방식이 바뀌게 되어
패배를 딛고 성공하리라

비밀히 잘될 수도 안될 수도
단번에 기회가 위기가 되고
위기가 기회가 되는 삶
극히 보기 드문 이날은
관측된 조망한 시기에
장비를 둘러메고 주목해
혜성의 긴 꼬리를 보러
인간들이 모으는 시점은
혼돈의 암흑을 제치고

전망이 빛나는 꼬리별을
다잡고 좇아 초점을
맞추기 때문이지요

쫄래둥이

삼촌은 낯가림 없어
간데족족 아이가
쫄래쫄래

남들은 낯가림 있어
아이가 시무룩이
뚤래뚤래

아이 귀여워

사진 찍자 여기 봐봐
아이가 고개를 비스듬히 기울여서
간드러지게 웃고 엄지척하는 표정에
어깨를 들썩이며 폰 카메라를 누른다

오른 손바닥을 모래흙에 파묻고 모래 두둑한
아래에 손바닥 위에 흙 묻은 왼 손바닥으로
두껍아 두껍아 헌 집 줄게 새집 다오
삼촌 따라 활동하는 아이가 두드리는 모습

삼촌이 자동차 흉내로 납작 팔다리를 짚고
허리를 뻗치면 아이가 타자 무릎으로 붕붕붕
내달려 엉금엉금 기어 멈추면 내려 뛰어가
거기 상자에 초코파이를 내놓으라 하여 일어서
삼촌이 내다 주면 아이가 한쪽 눈을 찡긋 모습

아이의 왼손에 꼭꼭 약속해 새끼손가락 걸고
흔들자 바로 손가락을 풀고 활력 있게
내가 할 게 아침 바람 찬바람에
저기 가는 저 기러기 엽서 한 장 써주세요
오른손으로 가위바위보 하는 모습

삼촌이 음악을 켜자 아이가 장단에 맞춰
신명 나 두 손을 좌우로 휘두르며 소파에서
경쾌하게 껑충 뜀뛰며 꼬꾸라져 엉거주춤하며
다시 일어서서 폴짝폴짝 풀썩 꼬부라져
삼촌이 음악을 끄자 조용한 지친 모습

엄마와 닮으라며 삼촌이 두 손으로
아이의 등짝에 곰돌이 인형을 업히고
보송보송 줄을 아이의 몸에 두르며
앞에서 동여매 주자 뒤로 두 팔로
엉덩이를 에워 싸잡고 기분이 좋은지
활발하게 한동안 곳곳을 돌아다니는 모습

삼촌아 나 따라 해봐 아이가 하반신에
두 다리를 벌리고 상반신에 두 손을 앞으로
쏠리며 허리를 유연하게 엎드리는 모습
갸우뚱하며 몰두하는 이 순간
펜으로 노트에 낙서하는 저 순간
아이 귀여워 눈짓 손짓 몸짓 그 순간
핸드폰 포착에 활달하여 찰칵찰칵 찰칵

꽃맺이

겉 사람인 자기가 어째야 할까
시시때때로 속사람의 자신을
속일지라도 피치 못한 사정에
죄를 벗어나려는 중생을 보시고
형편을 헤아려서 살펴 주소서

꽃줄기로 지탱하고 꽃받침 잎에서 안존하는
도톰한 꽃망울이 참을성 있게 몽툭 인내하는
지성인이 입을 닫고 때를 바라보고 입을 열듯
꽃잎이 향취 난 꽃술의 말맛을 내어놓아
아람차게 향긋한 꽃맺이를 바라다보고
지성적인 판단으로 흠모한다

신념을 거스르는 역풍에도 도스르며
기어이 매사에 거만하고 건방지지 않는
향내음 꽃들의 수그리는 아름다움을
저만의 자기 뚝심으로 내다보이려는
녹진한 신조를 받아 흠향하여 주십시오

다만 여러 갈래로 갈라진 잎잎이
한철을 염원하며 관념이 되익힘에

정돈되어 단 팽패롭지 않게 하려고
조신하며 꽃을 피기 전과 후를 판별하고
담빡 이르거나 철겹게 잎이 피우면 안 돼
꽃이 제철에 고이 피고 조화로이 행한다

애 보기 추억

나를 뒤로하고 애가 돌연
그네가 있는 곳에 담박질
나도 빨리 뒤따라 내달려
부여잡은 애를 그네에
천천히 들어 올려놓고
양쪽의 가지런히 늘어뜨린
그넷줄이 헐겁지 않고 튼튼한지
단단하게 양손을 꽉 붙들게 하고
애에게 손 놓지 마 주의 시키고
가뿐히 나의 양손으로 에워싸며
그네 받침대 몸체가 빠지지 않게
빠르게 그네를 올리고 내리고
속도를 느리게 완급 조절하니
그네 타는 애가 생글생글 웃어
끌고 밀어 운전하니 싱그럽다

나는 부여잡은 애를 떠안고
내리자 애가 돌출 달음박질에
나도 달음질 일부러 늦추고
뒤에서 잡을 듯 말 듯
숨이 차게 헐떡거리며

애가 크게 웃음소리 하하
나도 크게 웃으면서 하하

나는 앞서가 서서 재빨리
애를 붙잡고 숨 가쁨을 돌리며
힘겨워 입이 헤벌어지며
간신히 호흡을 내쉬며
삼촌아 어지러워 쉬자
잠깐 벤치에 가서 쉬고
돌발하듯 땅을 박차고
달려가 돌멩이를 줍고
모퉁이로 달려와 주저앉아
웅크린 채 그림을 그리는
손동작을 유심히 엿보다
애를 부여잡아 나는 껴안고
철재 놀이기구가 있는 곳에 와서
시소 안장 양쪽 중 한쪽 끝단에
찬찬히 애를 들어 올려놓는다

나는 마중 편에 끝단에 뒤돌아 걷고
가분이 시소 손잡이 안장에 앉아

양발로 오르락내리락 조절하며
안장에 손잡이를 잡고 시소를 타는
애가 상대편에서 마주 보며
싱겁게 입을 작게 싱글싱글 히히
나도 앞에서 입을 작게 벌려 히히

놀이터에서 생긴 일이 사무쳤는가
주는 정이 받는 정을 능가하구나
아직도 아쉬운 게 이전과 달리
안부의 소식도 접고 다시 찾지 않아
이후는 이사를 가서 만나지 못했는데
뚜렷한 가슴에 사무침인지
평범한 일상의 한 단편이지만
사뭇 오롯이 배어 새기는 걸 되뇌다
훗날 희희낙락한 애 보기 추억을
줄곧 유유낙낙하게 상기하는 것은
분망한 나날이 지나면서 소중한
사뜻한 순정을 새뜻이 가다듬어
옛정의 고마움에서 건강하라며
부디 보호자 하나님께 기도한다

갓밝이에서 해넘이까지 두루딱딱이 맞갖다

갓밝이 솟구쳐 돋을볕 해님에게 몹시 몽그리며
해끗 내리비치는 볕뉘 쬐려 비나리치고 비나리
강다짐 가살 피우는 인마와 가리 틀고 가리단죽
각다분히 치우고 빙충맞고 끄먹끄먹 사르다

햇덩이 동살의 햇귀 돋되어 고비살살 불볕더위
실쭝머룩이 부글부글 피새내며 깨나 곁땀 냄새
쉬엄쉬엄 울력다짐 찜부럭 찌물쿠며 느적느적
해름에 까라져서 입을 뻥긋 지며리 묵새기다

햇발을 닮아 얼굴이 해사하게 빵긋 입바르며
얼없이 끝매듭 수틀리면 열없어 멋쩍어 뜨악해
해껏 너름새로 사람들과 셈 차리면서 아퀴짓고
햇덧 겹겹이 켜켜이 미립 궁글리며 구순하다

불덩이 울그락불그락 열퉁스러운 불찌 감바리는
혜살 허릅숭이로 사람에게 호되게 퉁바리 맞으니
샐녘에 궁싯거리지 않게 켯속 이엄이엄 몽따고
해넘이 결결이 늡늡하게 두루딱딱이 맞갖다

도파니 비 맞이

슈룹을 바쳐도 비를 억수로 맞는 삶
죄다 매나니 일 기침 소리 마음 앓이
개치네쒜를 해야 재채기가 그치니
누가 누구를 평가하고 왈가왈부하는
언제 발칵 억장이 무너져서 멍이 들며
어디서 굼적대더니 왈칵 눈물을 흘리며
무엇에 때 묻어 지저분해 내광쓰광 싫어해
어떻게 얼토당토아니해 왕배덕배 잘잘못
왜 지짐지짐 비에도 반드럽게 주억거리며
굼닐며 트레바리 능갈치고 개골 둘러대며
군드러지면 안 돼서 바지런히 갈무리하며
도파니 비 맞이로 인해 깔밋잖게 보여도
도틀어 정신건강이 무더기비로 감기 들면
더러워 깨끗하게 지르잡고 얼씬거리는
개구쟁이 아기들마냥 마음껏 숫접고
암상스럽지 않게 잘 어울리어
몸소 깔축없이 잘 살으리라

2부

사시랑이 그느르다

어느 할아버지나 할머니 및 아빠나 엄마의
한사랑으로 내리사랑에 아이를 둘러업고
참사랑의 손길로 떠받들어 다다귀다다귀
어느새 아이는 붙움키고 치사랑을 한다

조부와 부모가 물 푸른 우거진 가지로 돌보미
역할을 하는 것은 오롱조롱 딸린 아그데아그데
여리여리한 아이에게 이래저래 책임이 있어서
바야흐로 든든하게 치키고 뒷바라지 한다

공교롭게 대신해서 베이비 시터가 되어 아이를
기껍게 맞이해 부둥키니 사시랑이 그느르면서
보금자리에 잎새로 나래짓하게 잘 못하더라도
잘한다고 곁에서 치켜세우고 여러 가지로
개나리 노란 꽃이 새라새 터울거리다

늘 물푸레나무에 가지가지 다래다래
무성한 개나리꽃 노란 잎새가 가늘고
유약하니 아이를 삼촌이 거느리듯이
노란 개나리꽃인 애살맞은 가냐른
아이가 더더귀더더귀 포롱거리다

밝은 해

어느 나라
어느 곳에
어느 삶에
자뿌룩해
그렇지만
고마워라

밝은 해
밝은 맘
밝은 몸

달보드레하게 삼촌이 떠먹이다

어린이집 승합차에서 유치원 여선생님이
아이의 작은 손을 살며시 당겨 잡고 내리자
마중 나온 삼촌이 멀리서 아이의 이름을
힘써 부르면 아이가 오손도손 선생님과
친근히 돌아서서 인사를 하고 삼촌 외치며
바삐 뽀로로 앞 뒷발을 잇달아 바꾸면서
신나서 잔달음 치며 뜀박질하여 빨리 오자
슬며시 삼촌 손에 끌어 잡혀 함께 거닐면
아이가 위로 응시하면서 삼촌 보고 싶었어
좋아 좋아 얼마만큼 좋아 삼촌도 아래로
응대하면서 좋아 좋아 하늘만큼 좋아
나도 그래 아이에게 빨리빨리 가자 꾸나

귀염쟁이 아이가 순간에 삼촌아 집에 가면
냉장고에 요플레 주세요 좋아 요플레 줄게
어서 가자 삼촌이 화답하고 한 손으로
출입문을 여닫고 살짝 열린 현관문을 밀고
사뿐사뿐 함께 아이와 거느리며 도착하니
거실에 나란히 올라간 다음에 맨 먼저
서서히 아이가 등에 멘 책가방의 길쭉 끈을
잡아 내리면서 벼르던 삼촌 요플레 주세요

한순간에 아이가 애교스럽게 요청하니
살갑게 삼촌이 요플레 먹을래 물어보고
아이가 좋아 좋아 총총 걸음질로 주방으로
불쑥 뛰어 가 삼촌도 종종 걸음질로 뛰어와
아이에게 자꾸자꾸 앉으세요 앉으세요
삼촌이 행감친 다리에 두 팔을 펴고 재촉해

아이는 새롱거리며 생긋생긋 등을 돌려
뒷걸음질하며 엉덩이를 빼고 걸어앉자
삼촌은 두 팔에서 왼쪽 팔을 스르륵 빼고
슬그머니 아이의 앞몸을 둘러막고
삼촌이 오른쪽 팔에 힘을 주고
허리를 꼿꼿이 세워 태우고 가서
아이의 두 허벅지를 떠받들고 있는
오른팔에 굳세게 단단히 힘을 주고
삼촌이 순식간에 앞을 두른 방어한
왼팔을 떼어 쭉 펴서 손잡이를 잡고
겉 냉장고 문을 열고 속 수납공간을 보자
삽시간에 아이가 성급하게 두 손을 넣어
여러 개 중 한 개의 요플레 용기를 꺼내 들자
삼촌이 오른팔로 굳건히 버텨내고 일순간에

연이어 왼팔로 아이의 앞을 둘리어
옆에 냉장고 문짝을 달으러 물라나

삼촌이 오른팔 힘으로 아이를 받쳐 들고
대각선으로 왼팔 뻗어 손잡이를 잡아 달고
안전감 있게 앉힌 아이가 다치지 않게
삼촌이 냉장고 앞에서 뒤돌아 태우고 와서
안방에 싱긋싱긋 아이를 바닥에 내려놓아
온화한 삼촌이 얼굴을 마주 보며
두 손가락으로 요플레 뚜껑을 열어
왼손을 편 채 살갗이 연약한 아이의
턱 언저리를 감싸며 삼촌이 스푼을 꺼낸
오른손으로 요플레 통에 생크림을 떠내어
아이의 입안으로 이어서 먹여 주면
단맛에 감미가 돌아 입맛을 다셨는지
연속 입을 벌리고 연달아 받아 넣고
달큼하니 하나씩 음냠음냠 삼키고
아이의 입에 달보드레하게
삼촌이 떠먹이다

삼촌이 웃음을 자아내면서 요플레 잔 크림을

아이에게 다 먹인 후 스푼을 떼며 맛있지
별안간에 아이는 조금 한 두 손가락으로
요플레 빈 통을 받쳐 들며 크림이 쪼끔 묻어서
달보드레 혀로 할짝 할짝 이쪽저쪽 돌리고
입술 언저리를 할짝 보드레 되돌려 좋 나다

시계꽃

바른 사람을 바르지 않는 사람이
본받게 약속을 잘 지키고 마음속에
맵시 곱게 시계꽃을 피우고 살아야
가까이 있는 사람도 멀리 있는 사람도
묵계黙契의 시간이 저절로 돌아갑니다
혹여나 몇 시일까 행여나 몇 분일까
오늘도 눈여김으로 몇 초가 지나면서
약속 시간에 늦지 않아 다행인 것은
다음 시간에 이르게 기다리는 것은
기약 있는 시계꽃의 정의正意입니다

내 말인즉슨 과거로 인해 미래를 위한
현재에 확실한 약속을 완수하려는 것은
신용信用에서 피우는 시계꽃이지만
무슨 일로 늦어서 미안하다는 당부로
서로에게 양해가 빨라서 화통합니다

달곰하여 흡만함

모처럼 이드거니
졸깃한 다디달은
큰 빵을 건네주어
아이가 맛있게
먹다 말고 나머지
삼촌 이것 먹어
손에 든 작은 빵을
건네받아 한입에 달짝지근
바삭바삭 쫄깃 잊을 수 없어
빠삭빠삭 달곰하여 흡만함

서로 다른 사람들아

서로 다른 문화
서로 다른 풍습
서로 다른 환경
사람에게 의지하며
맞으면 받아주고
맞지 않으면 맞받아치는
서로 다른 사람들아

둥근 달에서 반달로 빛나는
오른쪽의 반달은 상현달로써
손톱 모양 초승달에서 돌아와
왼쪽의 반달을 하현달이라 써
발톱 모양 그믐달에게 돌아가
헷갈리지만 달은 예측할 수 있게
변모되는데 하지만 예측할 수 없게
때와 장소에 따라
서로 다른 사람들아

태양 주변으로 저마다 돌고 돌며
영향을 주고받는 달과 땅과 같이
안으로 끌어당기려는 구심력과

밖으로 멀어지려는 원심력에
태양빛이 반사되어서
매일 달의 위상 변화로
둥글 보름달에서 달라지는 것 같이
둥굴레 안녕 반가운 달의 모양같이
원래 공통성 있는 선순환으로써
변통성으로 바뀌는 핵심이 있는
서로 다른 사람들아

누리보듬

괜찮아서 삼촌이 찐 맛없는
싱싱한 생밤을 구뜰한 입맛에
데시기니 오독오독 씹었지만
아기가 날로 먹으면 이빨이 상할까 봐
삼촌이 날밤을 담아 한소끔 찜기에 쪄서
퉁거운 껍질이 들떠지게 찬물로 식히며
두꺼운 껍질이 벗겨져 뜸 들인
함씬함씬 알맹이가 내보이고
함씬 겉껍질과 속 보늬를 까서
구수한 찐 밤을 접시에 내오니
아이가 고사리손을 꼬무리어
퍽 푸짐하는 듯 오므라진 입속에
연방 마닐마닐 밤을 치올려 짓먹고
연신 트릿해지도록 포동포동 뱃살

마주 앉은 삼촌이 엉뚱하고 몽짜스러워
고소한 찐 맛있는 단밤을 움큼 훔켜쥐어
매개 내가니 아이가 실쭉 시큰둥하며
푸념 뚝별씨 내가 못 살아 하지 말랬지
까탈스럽게 조르고 우유 달라고 하여
삼촌이 우유 내어보내 주고 나서

아이는 양팔로 우유병을 떠받들고
아물고 퍼더버리며 우유를 짜금거려
슬금슬금 누워 놀소리하며 궁거운가
먼 바로 삼촌에게 다다라 버정이여
칭얼 아이가 투루 투레질하며 내뱉고
아늑하게 해준 애먼 삼촌에게 펀둥거리니
되레 아이가 실내에서 연이어 다니면서
되게 억짓손 휘두르며 가납사니
되알지게 실외로 나가자 연발해
아주 몹시 아등거리며 깝쳐대다

사뿐히 휘우듬히 한갓진 골목길을 벗바리
삼촌과 종요롭게 나다니면서 앙그러지는
아이를 양팔로 누리를 안듯이 보듬어
가든히 미끄럼 계단으로 줏대잡이 삼촌이
안아 들고 올라가니 삼촌이 미끄럼 참에서
귀여운 안긴 아이를 살포시 들어내 놓고
댕댕한 아이가 가뜩이나 곰송거리자
본데 삼촌이 존조리하여 위험하지 않도록
아이가 등짝 대고 앉도록 양손으로 사부자기
아이를 돌아 앉혀 양팔로 에둘러 가슴둘레에

깍짓손으로 배를 붙잡고 삼촌의 양발 뻗친
무릎에 서로 간 양다리를 더불어 겹 포개
나우 여낙낙하게 삼촌이 아이와 함께 간대로
경사로 미끄럼면을 타고 미끄럼틀 밑판에
홀가분하게 내려오니 틀거지 삼촌이 들여앉힌
튼실한 아이를 냅떠서게 내보내니 배불뚝이
아이가 잘쏙해지려고 까치마을 놀이터를
겨르로이 똘망똘망 활보하며 바장이여
거레 삼촌도 한가로이 나부룩하게 온 누리

가늘라

괜찮아 괜찮아
얼낌덜낌 덩달아
가늘라 모뜨다
괜찮아 괜찮아

맛있어 맛있어
얼낌덜낌 덩달아
가늘라 모뜨다
맛있어 맛있어

미안해 미안해
얼낌덜낌 덩달아
가늘라 모뜨다
미안해 미안해

말결 때마다 말곁을 다는
꽃잎이 활짝 핀아 가늘라
말본새 나래 수나롭다

일출이 되어 일몰로

기쁨의 일출이 되어
안되기를 바라지 말고
잘되기를 바라면서 넘어오라네

자신과 타인까지 용서하고
기도할 수 있었으면 좋으련만
살아 있으면 다시 꿈꿀 수 있어 괜찮지만
안 되었던 자존을 보고 자존심이 약해져
그 비관으로 자신감이 없네

앞을 보며 뒤 느껴본다
고맙게 기쁜 해로 출몰하여
한결 생과 삶을 잘 다루는 것을 깨달으며
범사에 감사하라는 진리가 닿아진다

살아가면서 과정의 고락이
결과의 애환이 오고 간 생활에
안 된 일이 많았지만
잘된 일이 적었지만
무엇이 중한가

그래서 잘 되었던 자신도 보고
자존심이 강해져
자신감 있게 그 낙관으로
발그레 푸르라지
기쁨의 일몰로 넘어가라네

아해 사랑옵다

너무 숫기가 좋은 아해
알음알이 붙임성에
삼촌 하며 척 다가들다
장미같이 너울가지 있어
매달리는 부접성에
장미 덩쿨 착 다가붙다

아해 가시내 애면글면
냉큼 뾰롱뾰롱 시쁘면서
기꺼이 삼촌에게 조르며
가엾게 구듭 애걸복걸
장미같이 줄기가시 있어
닁큼 뾰로통하며 아해가
애살스런 퉁명스러운 말씨에
몬존한 삼촌이 앵돌아져도
곱다시 바투 일의 놀이다

잡동사니를 삼빡하게
간동해야 하는 삼촌이
벌떡 일어나면 아해는 다가서고
따라붙어 깡충 다랑귀를 뛰고

발바투 달라붙어 어정쩡했던
곰살궂은 삼촌이 바짝 붙안고
아해를 다시곰 어뜨무러차
빵그르르 올리사랑

다부닐고 댕가리진
아해는 장미 웃음꽃
라온 빵 터져 사랑홉다
하뭇 홈홈하게 삼촌에게
바싹 돌려 붙는 아해도
하무뭇 홈홈하게 부닐고
너무나도 사랑옵다

안개 눈 속에서 자전거 타기

꾸준히 운동을 하려 톺은 오르막을 아득바득
버겁게 양쪽 발판을 양발로 바퀴를 구르면서
얼핏 보니 평평한 고른 사잇길을 횡하니
자전거를 타고 달리는 가운데 얄궂게
보일락 말락 탁한 안개 눈 속에 돌아갈까
어찌할지 순간의 선택에 어쩔 수 없이 들어가
한겨울 자욱한 연무를 넘어가려 살펴보면서
전방을 주의하며 상쾌하게 자전거 타기

저토록 쏠려 오는 맞바람을 가르며 회전하며
그토록 두리뭉실한 과속을 저번에 뉘우치며
이토록 탄탄한 길이 펼쳐지면 철저히 저속으로
이번에 애완견과 보행자를 비켜 가며 직진하고
후방에서 느닷없이 따르릉 울리면 느릿느릿하고
민감하게 옆을 스치면 잠시만 느릿하고 조심조심
앞에서 뒤에서 오나 분주히 이따금 가나
횡횡하니 상쾌하게 자전거 타기

횡덩한 탁 트인 자전거 전용 푸른 길을 지나
쓸쓸히 스산하게 내리막을 단순히 질주하는
뒤숭숭 왁자지껄 시끄러운 장소를 떠나서

엉터리 시답지 않은 문제에 고달파도
어떤 기준에 뒤처진 것 같아 경쟁에서
앞서 나갈 려는 복잡한 사정도 없는
초연히 무구해질 것 같아 단독으로 몰고
당당하게 상쾌하게 자전거 타기

아기 다복솔

아기는 오복 조르듯 당차게 되묻고
모도록 선생님이 끌끔한 말씀으로
모도리로 댕글댕글 솔잎 돋가이
선생님이 앞머리를 넙죽 숙여
책을 보면서 배우게 가르치고
아기가 몰라서 납죽 숙이고
밑 붙이며 기특하게 공부해
가지가 소보록 퍼진 생솔

선생님이 필기 붓을 거머쥐어
글을 본보기로 꼬느고
가 나 다 라 마 바 사
아 자 차 카 타 파 하
글씨를 틀어쥐어 써서
글자를 물끄러미 보면서
쓰담쓰담 필사하라고 건넨 종이에
아기가 연필 붓을 그러쥐어
어설프게 움직이는데
괴발개발 알쏭달쏭

선생님과 오붓하니 다기차게

에멜무지로 쓰기 읽기 말하기
낱말을 다독하면서
책장이 나붓거리며
독서하며 뎅글뎅글
선생님이 느루 낸다하니
아기가 또바기 그러당겨
새솔 뭇 가지에 숭글숭글
쏙쏙 다복다복 두루치기
쑥쑥 다보록하게 퍼진
새솔새솔 다듬작거리어
아기 다복솔

내게 있어 비가 오는 날

예전에 구슬프게 비가 내리면
차마 슬픔이 흐를 것 같아
보고 듣는 게 괴로웠습니다
현실은 나쁜데 기뻐할 수 없다며
하냥 그 시야 그대로 그려 나가니
비가 내려오면 자칫 회한에 젖어
미래마저 상상의 슬픈 비가 흘렀습니다

일전에 나쁜 일이 와서 불행이 들이치라고
염원하듯이 차라리 비가 오면 비감에 적시어
울적한 마음 때문에 좋은 일이 있어도 슬퍼서
속절없이 우울증을 앓았는데 인식을 바꿔
유쾌하게 현재를 준비하며 비마중이 되니
빗물이 흐르는 게 웃는 얼굴인 기쁨의
눈물이라면 주르륵 유리창으로 하여금
빗물이 내려와도 기쁨이 흐를 것입니다

하여튼 우산이 없어 추적추적 내리는 빗물에
머리카락이나 옷이 흠뻑 젖어도 비애감의
슬픈 비에서 기쁜 비로 판을 뒤집어 반전하니
아무튼 과거마저 영상이 나쁜 빗물에서

좋은 빗물로 이 시야 이대로 그려 나가니
좋은 일이 와서 행복으로 받아 들여
주는 내게 있어 비가 오는 날

아이와 식사하다가 실랑이

삼촌이 숟가락에 밥을 떠먹여 주며
바로 받아 군침이 맴돌아서 입에 넣고
아이의 한 볼때기가 동글동글
대뜸 집게손가락으로 가리켜
삼촌이 젓가락에 반찬을 떠먹여 주며
곧바로 받아 입이 귀엽게 움직이며
아이의 양 볼때기도 둥글둥글
삼촌이 번갈아 수저로 골막한
밥과 반찬을 입안에 떠먹인다

삼촌이 단디 손시늉을 하며 아 하라면서
쌀밥과 겉절이의 음식을 아 하는 아이의
입속으로 삼촌이 기꺼이 손수 집어넣어
아이가 애초롬하게 맛갓나게 씹으면서
입에서 음식물을 흘리면서 오물오물
삼촌이 얇은 종이로 훔치며 닦는다

아이의 섣부르는 젓가락질을 하며
꼬약대며 어기적 먹은 것도 모자라
맛있는 차반의 먹거리를 삼촌에게
아 하며 건네주며 냅다 허치니

맛적어졌나 입매 찝찔 깨지락
눈살을 찌푸리며 달곰씁쓸하다

삼촌이 더 이상 안 되겠다 싶어
아이가 설렁설렁 손에 들고 있는
숟가락을 억지로 뺏고 싶었지만
조곤조곤 이리 내 이리 내 채근해
삼촌과 아이가 실랑이를 벌이자
아이가 고개를 저으며 절레절레
삼촌이 또 다른 좋아하는 것으로
모면하려 맘마 그만 먹고 까까 먹자

삼촌을 어기차게 따라쟁이 아이가
손가락 사이로 설렁 끼운 채 젓가락을
식탁의 식기에 대충 꽂아 놔두고
양 눈에 눈물로 그렁그렁 함초롬해
고개를 위아래로 끄덕끄덕하니
삼촌이 과자 봉지를 성큼성큼 갖고
과자를 먹으라며 주고받고 물러나
아이는 손아귀로 과자를 버적버적
깨물고 윗니 아랫니로 곱씹어 삼키다

거울지다

저의 멋쩍어한 날카로운 눈빛이 부담스러운지
깨끔한 옷차림으로 입 다물고 있으신 그대는
맥연히 긴장의 눈동자로 멀거니 바라보시자
거울져 되비치듯이 쳐다보면서 이야기하려니

말을 무턱대고 하면 터무니없어 보일까
말실수하면 심성에 흉을 주지 않을까
또 반응이 머쓱해지시지 않을까 방긋방긋
또한 이따금 말씀을 받고 보며 빙긋빙긋
저의 외모가 싫지 않고 아담하여 좋으신지
똑바로 두 눈을 뜨시고 마음에 다가오며
곧바로 만만 겸허한 마음으로 다가가며
바로 씁쓸한 얘기도 맛 들어 찡그리시고
솔솔 다디단 얘기를 맛보며 방그레하시고
서로 귀담아듣고 나직이 빙그레 웃고 있어
뿌듯 마음을 예쁘게 훤히 보아서 만끽하니

저의 얘기에서 실수되는 말도 있었는데
처음과 달리 흉금을 털며 하다 보니
한 분야를 다가놓고 빠삭하게 대화를
시간이 가는 줄 모르게 많이 하였지만

끝까지 두 눈을 실그러지 않으시고 보시니까
대개 들큼 흉잡지 않고 진지하게 듣고 보며
대체로 부듯 씰그러지 않고 개의치 않겠다

보푸라기의 결심

결말이 나오지도 않았는데
전개에서 겁을 먹고
혼자만의 공간에 갇혀
나가지도 시작도 못 합니까

때때로 일어난 일에 대해서
뭔가를 반성과 자각을 하고
또 다른 일을 도모해야 하지
왜 일어나지도 않는 일을
미리 수심이 진 얼굴을 해요

잘 될지도 모른다고 쓸 데 있는
모색을 해야 될 테인데
일어날지 모르는 기우인데
안될지도 모른다고 쓸데없는
잡생각에 골몰하는 것이 아니라
일단 하나씩 시도해 보세요

평소에 하기도 전에 안된다는 생각에
우물쭈물하고 외톨이로 단절되어
실에서 외마디를 지르며 한숨만 쉬고

침울하게 SNS 시청과 경청으로
무기력하니 은둔하고 있습니까

대리 만족만 하는 것이
다 아는 것이 아닌데
간접이 아닌 직접으로
더 알아야 하는데
덜 알면서 대책이 없이
난 할 수 없어 보풀보풀

옷가지에서 보풀거리다 뜯기는
수많은 애절한 보푸라기 같은
신세가 되니 당장 결심하여
신체는 장성하여 난 할 수 있어
성장하기 위해 내맡기어
내쳐지어 드잡고 되잡고
새같이 날기를 반복해서 날아야

어린 아가를 둥개질

어린 아가가 들러붙어 삼촌의 안 받침
무르팍에 귀염 뽀작 뒤돌아 등대고 앉자
아가의 몸을 양팔로 드레지게 감싸고
뽀송한 뺨에 뽀뽀하자 까르르 함박웃음
옜다 가방 주머니에서 장난감을 내주자
고사리손으로 들러 받고 조몰락 펴락 잼잼질

어린 아가와 마주 보고 양쪽 겨드랑이를
거뜬히 치올려 도리도리 까꿍 하자
까르르까르르 삼촌도 환한 웃음으로
어르자 잡을 손힘이 부치고 아가가
치마가 깡동하자 양 팔에 둥개질로
사부랑 사부랑하자 오무락 펴락 가동질

어린 아가의 가슴팍에 나의 양 다리를
사뿐히 대고 아가의 양 팔의 꼬막손을
마주 옴켜쥐고 양 무릎으로 구부리며
가뜬히 쳐올려 옹그렸다 짜릿한 비행에
삼촌이 도 뜨는 위인이 되라 양 발바닥으로
온몸을 돌리면서 중지하면 느낌이 안 차다

홀앗이와 가시버시

홀앗이로 이울고 시난고난이 아니라
남나중에 땀직이 품삯으로 가멸지게
숫진 옴살 살이 세 끼 끼니를 때우며
가시버시와 으밀아밀 화난하고 싶다

아이와 돌개바람

아이와 만날 때마다 어쩌다가
양팔을 뻗으면 가끔 돌개바람
삼촌이 품에 안고서 아이를
찬찬히 뱅글뱅글 휘돌면서
우리말 숫자부터 외우라며
어지럽지 않게 빙글빙글
첫 번째로 돌리며 하나
두 번째로 돌리며 둘
세 번째로 돌리며 셋
네 번째로 돌리며 넷
다섯 번째로 돌리며 다섯
여섯 번째로 돌리며 여섯
일곱 번째로 돌리며 일곱
여덟 번째로 돌리며 여덟
어지러워 천천히 빙빙빙
아홉 번째로 돌리며 아홉
열 번째로 돌리며 열
같이 큰소리를 지르며
함께 숫자를 세었는데
초롱초롱 쌩쌩 바람
보듬은 손을 내리자

해롱해롱 엎어졌던
아이는 성인이 되어서
어디에서 무엇을 할까
마지막으로 이별을 할 때
나는 공부를 못했는데
너는 공부를 잘하라며
손가락을 걸고 다짐했고
필기구와 필기장을 사주고
초등생이 되어 자라는 것도
못 보고 옛날 꽃날이 되었네

소설 소나기를 읽고 짧은 詩化

징검다리에서 세련된 옷차림의 소녀가
혼자서 떳떳하게 나와 물놀이를 하는
숙맥이라 말도 붙이지 않던 소년이
여러 번 재회에서 짝사랑이 확실해
사귀자 오기를 바람이 간절하면서
설핀 곳에서 똑바로 보고 있는
화들짝 소녀의 실체에 깜짝 놀라
꽃다운 소년의 은밀한 외사랑을
발칵 들켜서 바보 바보 할 것만 같아
소년의 뒷전에서 소녀를 놔두고
물가에 다리가 헛짚어 빠지도록
빨리 달려 나가는 숫기가 없는
산골 소년의 도시 소녀에 대한
애틋한 콩닥콩닥 마음이 있지요

소탈한 소년이 소녀와 똑같이
디딤돌에서 행동을 모방하니
걸음걸이 하는 뻘쭘한 소녀가
홀쭉한 쑥스러운 소년에게
얘 이게 무슨 조개지
흘깃 당혹해 엉떨결에

비단조개라 가르쳐 주는
갑작스레 벌에 놀라 갈래
엉겁결에 소년이 동의하는
훈훈하게 공감하여 벌판에서
소년이 꽃가지만 골라 꽃묶음을
만들어 소녀에게 건네는 더 나가
풀숲 칡꽃을 따다 미끄러져 다쳐서
소녀의 무릎을 입으로 씻고 소년의
손에 송진을 싸매주는 애긍함이 있지요

갑자기 소나기가 내려서 척척하게
위아래 옷이 흠뻑 적시어 피신했던
좁은 수숫단 안에서 꽃다발을 안은
소녀가 어깨를 내떨자 겉옷을 싸는
따뜻한 소년의 빛인지 밖이 멀게지며
비가 그치고 개울가로 되돌아갔었는데
한동안 기다리다 지쳐도 나오지 않자
소녀가 고뿔이 들어 혹시나 소년을
역시나 아파도 꼭 만나야겠다며
오랜만에 소녀가 이사 간다고 만난 날
그때 재미있었다는 소나기를 맞아

앓아누워 있었다는 도랑을 건너며
업혔을 때 소년 등에 옮은 물이라며
분홍 스웨터 앞자락을 들어 보이는
주저 없이 대추 한 줌을 내어주는
보조개를 떠올린 부끄러운 소녀와
소년이 내어 받는 찡한 다소니가 있지요

소년이 돌아오는 길에 아차 하는
해쓱한 소녀더러 이사 가기 전에
기다린 곳에 나와 달라 못해 둔 것
뜸 들이며 연모하는 소심한 소년은
그날 소녀네가 이사하는 걸 가보나 어쩌나
눈 감고 까무룩 잠이 깊이 들다 깨어 엿들은
닭을 들고 추석날 윤초 시네 댁에 갔다 오신
아버님이 어머님에게 꽤 잘 살았는데
집까지 팔게 되고 병약해서 앓는 걸
약도 제대로 변변히 못 썼어
그 애 여간 잔망스럽지 않아
자기가 죽거든 자기 입던 옷을
꼭 그대로 입혀서 묻어 달라고
소년에 완순한 소녀의 찐한 다솜함이 있지요

서로 사맛디

아빠가 좋아 엄마가 좋아
어금버금 아빠가 좋아

엄마가 좋아 아빠가 좋아
어금지금 엄마가 좋아

아빠 엄마는 싸우지 않고
나온 아가랑 서로 사맛디

술적심
―국밥

뚝배기에 바특하고 얼큰한 국물
밥풀과 후루룩 곁들여 먹고 알싸
건더기는 매콤해 야물 야물 쩝쩝
김치나 깍두기는 아삭바삭 아짝
고기는 잘강잘강 질겅질겅 짭짭
냠냠 되씹어 꼴딱거리며 꿀꺽
꾸미의 음식 맛 오므리고 늘름
찌개의 바따라진 툽툽한 입맛
맛집에서 공깃밥의 여러 대궁

아기똥하다

아기 아기 우리 아기 아기똥하다
태도나 행동이 깜찍하고 앙큼하여
한 팔로 다기지게 사탕을 쥔 아이가
담쏙이 아양을 떨다

아기 아기 우리 아기 아기똥하다
몸가짐이나 말이 새침하고 꽁하여
두 팔로 꼭 안는 인형을 쥐고 아이가
담쏙이 시침을 따다

삼촌은 왜 안 온대

누구나 아련해 어렴풋한 어린 시절을
기억을 되돌리기 어려워 곧잘 알지만
유치한 꾸밈없는 어수룩한 어린이는
올바른 어른이 어린아이를 자늑자늑
단직하게 가르치고 안락하게 보호하며
올되게 익어 가기를 믿어 마지않지만
늦되게 될지라도 되바라지지 않도록
번대고 달콤한 익숙한 연시로 기릅니다

우쭐한 감나무에 조롱조롱 달린 땡감만큼
미숙한 덜 익어 시금털털 미성숙한 시절을
슬겁게 보내고 다 익은 달콤 씁쓸한 성숙한
연둣빛 단감만큼 사근사근 무르익어
감밭 농원에 늘어서 있는 훨씬 더 익어
홍시로 흐무러져 완숙하여 헤아리며
주홍빛으로 달달해 곶감 농후합니다

다함 없이 정감이 자그럽기 그지없는
장난꾸러기인 아이에게 낯을 붉히고
그냥저냥 으르면 주눅이 들기에
철이 들게 얼러서 달가워하게

알근달근 정감 어린 마음으로
아이에게 거듭 꾸밈 있는 언행으로
순연한 짐짓 재미있게 연기도 하며
서로 두터운 정감이 들었습니다

하필 일이 마무르지 않아 못 만났는데
아이가 성글어 애운했는가 푼돈으로
구매한 나의 선물을 가냘픈 손에 꽉 쥔 채
아이의 아빠와 집에 돌아갈 때도 방안을
기웃거리며 삼촌은 왜 안 온대 물었다며
화자가 말을 전하니 늦게 돌아올 때에
청자로 듣고 나니 미안했습니다

풋과일 똘기

조마조마한 성실한 마음으로 제때에
떨떠름한 풋과일 똘기를 신선도 있게
무릇 문실문실 안간힘을 써서 가꾸어
겨를 제겨내기의 가지치기를 해와서
구미가 당기는 맛맛이 있는 과실로
영절스럽고 숙성해 한창 성합니다

하루돌이 꾀꾀로 능놀며 거춤거춤
모개모개 건성건성 휘뚜루마뚜루
열매가 밋밋하게 빌밋하더라도
과일을 먹고 나서 바로 뱉어버린
벌레가 느글느글 맛보기도 싫어져
썩어 나오는 과일로 객쩍어 보깹니다

한때 안간힘을 쏟지 않아 굴침스러운
재배를 서투르게 손질을 하고 쓸모없어서
가을에는 풍성하려고 곁때 푸짐히 먹고
빡세게 벌려나가 더욱이 나무초리에
흐드러진 열매가 쓸모 있어서 풍요로워
훈훈하고 감칠맛에 살강거리지 않게
탐스러운 실과를 베어 먹으며 상큼합니다

성심으로 분발해 중간에 도사리로 떨어질까 봐
애쓰는 어버이 같은 마음으로 더딜이 사랑으로
우뚝 나무에 달린 풍부한 아람을 떨어뜨리려
재겹게 집게 고지 가위로 머드러기를 따서
흔히 바구니에 걷어 가고 나머지 지스러기
과일를 줍고 나서 흥감스럽게 으뜸입니다

쓰름매미

저녁매미가 나무에
듬성듬성 얹혀서 우는
쩌렁쩌렁 옮 소리는 막바지라
처절하게 우는 소리라
부정적으로 오해하더라
조바심 내어 구애하는데
웃어야지 울어야 되겠느냐
쓰름매미 소리를 마음이
산란해도 웃음으로 생각하자

쓰르라미 쓰르라미
호쾌하게 웃는 소리라
긍정적으로 이해하더라
칠 년 동안 유충에서
한 달 동안 성충으로
쓰름매미를 비견하면
인간은 울지 않으련다

쓰르라미 울부짖는 귀청이
불쾌했지만 웃음 짓는 소리라
상상하니 정겨운 여운이 어릴 적

덤부렁듬쑥 사그라들지 않고
청정 한뫼 기슭에서 노래하는
쾌청 쩌렁하게 웃고 있는 숲

아이라와 닷오다

매일 밀물로 밀려 돌아와 흘러온 인연으로
밀물이 오르락 만조를 경험하듯이
은은하게 반짝이는 윤슬이듯이
매번 썰물로 밀려 돌아가 흘러간 인연으로
썰물이 내리락 간조를 체험하듯이
아이와 행복이 되풀이되었는데
특별하니 유달리 아이라와
각별하니 남달리 닷오다

불행하게 다시 돌아오지 않는
예정되어 아이를 떠나보내고 쓰렁쓰렁
홀연한 감성은 까만 갯벌이 드러나듯이
나의 안방에서 금방 불을 끄고 장롱 아래
침대에서 이불을 덮고 곧바로 드러누워
가볍게 눈을 감으니 까마득히 깜깜해져서
예상외로 방문 넘어 함께 간 아이 엄마에게
나의 엄마가 연락 왔다고 전달하자

엄마와 떠난 지 얼마 안 되었는데 궁금해
곧 서서 거실까지 곧장 걸어가 급속히
나의 엄마가 핸드폰을 쥐어 주고받고

쫑긋 세우던 귀청에 울음 목소리를 듣고
여보세요 택시예요 잠깐만요 방금 이따
삼촌 엉 빨랑와 엉엉 흐느껴 우는데
아이가 복받쳐서 말을 잇지 못하자
곁에 아이 엄마가 가로채서 대답하여
여기서 삼촌 댁에 가자고 성화예요
눈물이 주르륵주르륵 하염없어요
이만 끊을 게요 안녕히 주무세요
새삼스러운 핸드폰 통화는 툭 끊겼지만
불현듯 예감에 영영 만나지 못할까
불온한 느낌에 안절부절못했는데
어느덧 잔상이 드리운다

달빛에 웃음이 반짝반짝 흘러넘치다가
다짜고짜 아이가 글썽거리는 모습으로
짜증 난 마뜩하지 않는 표정을 하며
울컥거리며 엄마가 보고 싶다며
서럽게 빨랑 빨리 손가락질하며
대문을 가리켜 쑤시고 닦달했는데
말끔히 지워지지 않고 잔잔히
얼결에 드리운 잔상이 저민다

그러므로 가슴속에
아까움과 안쓰러움이
대조된 잔상이 드리운
하해 같은 넉넉함에
날 새에 반짝반짝 빛나서
달의 인력으로 평온하다

아기 보고 또 보고

갓난아기 들붙어 보살피며
또 아기 보고 또 보고
누그럽게 찾을모 무릅쓰다

어린 님이 딱 붙어 목적이
또 책을 보고 또 보고
학교에서 배우고 무르익다

어른님이 다붙어 목표에
또 일을 보고 또 보고
사회에서 익히고 무르녹다

민들레 꽃씨였지

그 여인은 집안 환경이 어려워 대학교를 휴학을 하고
등록금을 벌기 위해 힘든 일을 마다하지 않았지
어느 날 번화한 상가 쪽 방면을 지나던 참에
상점에 전광판의 네온사인이 휘황찬란하여
양편에 나란히 쭉 늘어선 유리 진열창에서
상품을 구경하며 구매 충동을 느끼었는데
누더기 옷차림의 노숙자가 앞에서 오고 가는
사람들 틈에 나와서 상점에 들어가는 거였어

금방 보는 즉시 당황하지 않고 종업원이면서 그녀는
태연하게 선의가 자랑스러운지 호주머니에 지폐를 빼서
쾌척한 모습이 돋보였는데 겉모습의 느낌은 후 끼치는
민들레 꽃씨 같아 단정한 정장을 입고 멀끔한 그녀가
사람들에 섞여 상품을 파는 머쓱하게 맞닥뜨렸는데
간간이 상점에 접객에게 대처 처리하는 것에
차마 긴 말도 못 하고 사이사이 짧은 말로
상품을 사면서 가만히 느낌직한 속 모습은
솜털처럼 피고 떨어져 나온
새하얀 민들레 꽃씨였지

그러고 지나치면 자주 방문하고 싶어도

그러니 드물게 집요하지 않게 접근해
그러나 신중한 친화를 알아차렸는데
그러자 정분이 옅었는데 짙어졌는지
그러면 애련한 관련된 얽힌 옛이야기에
호의인지 타고난 인심이 후한지 자상하게
자전거를 맨손으로 타고 가려 했을 때
하얗게 미소 지으며 장갑을 마련해
추운데 끼고 가라고 했었는데
민들레 꽃씨가 날아오는 듯한
감동이 들어 감격에 겨웠지

아무도 알아주지 않고 보는 사람이 없어도
신산한 연민을 향해 손을 내밀었던 그 여인이
포근한 인정이 무엇인지 알게 한 것 같았어

흐르는 가람 사이로 야생화를 보라

경솔히 비벼가며 객기를 부리지 않는
흐르는 가람 사이로 야생화를 보라
반감이 아닌 호감으로 안성맞춤인
가람은 야생화에게 물을 부응하는
야생화는 가람에게 꽃을 호응하는
서로 생김새가 전혀 달라도 공생하는
침착히 버금가는 용기를 부려야 할 때
파멸의 바람에 곤욕을 함께 감수하며
경멸의 바람에 모욕을 같이 감내하며
능멸의 바람에 치욕을 감당해야 하며
만용을 부려 못마땅해지지 않고
용감해 마땅히 치르며 인내하는
가람과 야생화는 외롭지 않게
편을 돕고 믿음이 변치 않는다

3부

밉둥이 서낙하다

말썽꾸러기 아이는
저질러 시망스러워
능청꾸러기 아이는
저지레 야발스러워

자족

잘 되었다고 누군가 부럽게 보고
안 되었다고 누가 애달프게 보고
원초적 본능인지 위에 있어도
밑에 있어도 상처는 누구에게도
떠나지 않고 얄밉게 되는 셈이다
끝내 더 더 더가 아닌 덜 덜 덜
강박관념에 시달리고 싶다

경쟁 사회에서 질투심을 불러일으킬
남들에게 신경 쓰고 얽매이지 말고
본인이 자긍심으로 흔들리지 않고
타인이 뭐라고 부르든 필요 있는
일이라며 자부심이 굳건하다면
매진해야지 인정받으려는 보여주는
누구에게나 지나면 회오하는 일을
돌이키고 아무도 부르지 않아도
끝끝내 나에게 자족하는 일에
심취해서 원하는 것을 이루리

거짓되기보다 참되기

인생에서 이전 실수를 지치도록
후회하면서 일이 도래하면
이후 번거로워 접어주고
책무를 받자하여 이루어지는
빈번한 정반합의 결정에서
판단해 가는 두려움에서
눌러 보고 반성이 되어
때론 지겹도록 넌더리 나서
한 말 또 하고 연발하는 것은
허튼소리일 뿐 경각심으로
참을성 있게 성찰하고
거짓되기보다 참되기

인생에서 사기의 여지를 주시하여
일정한 무엇인가를 이루기 위해
의문의 방식을 따져 자문하며
속여 앗아 가는지 강박관념에
설마 하는 사람이 이용하려 하면
호승심으로 아옹다옹하지 않고
서글서글하게 바라보면서
선용이냐 악용이냐 분별하여

전자라면 유의미하여 호응하고
후자라면 무의미하여 불응하는
변별성 있게 대처하고
거짓되기보다 참되기

인생에서 미흡해서 우월감에 대한
자격지심에 아득히 인내하면서
도대체 평가에 부담스럽지만
아리게 향상심으로 감내하면서
뜻을 이루려 최악이 아닌
차선을 차악이 아닌
최선을 선택하면서
뜻대로 되어 득의하고
뜻대로 되지 않아 실의 하는
이해득실의 과정과 결과에
효과성 있게 분석하고
거짓되기보다 참되기

정든 아이와 이별

엄마가 올 때 다 되어
엄마 왔다면서 거실 창에
엄마의 얼굴이 보이자
엄마하고 달려가서
엄마의 피붙이 아이답게
살붙이 정에 서로 끌어안다

그러자 삼촌과 오늘이 마지막이구나
느지감치 지켜보는 우리 어머니가
섭섭한 말씀에 분위기가 아쉬웠는데
호들갑 떨며 엄마 우리 집에 빨리 가자
어리광 부리며 엄마 손을 텁석 잡아
당돌하게 끌어당기며 생떼 쓰는 아이

당장 서운해 눈 바래면서
간격이 띄어져 안타까워
안녕 소리치며 한 손을 흔들어도
엄마와 달리 인사도 안 하고
맥이 빠진 듯이 머리를 푹 조아린 채
엄마 손에 손을 맞잡고 일찌감치
아쉽게도 이끌려 갔던 아이

부풀어 오른 가슴으로
다시 만날 수 있었는데
다시 가슴이 허전해지면
다시 만날 수 없어져서
공기 빠진 가슴을 느끼는
소용없는 찢어진 풍선인 양
아무것도 할 수 없었다

진정眞正

원대히 훤한 해는 어둠을 이기는 빛의 근원
심대한 우주에서 태양 주위를 지구가 공전하여
세계가 밝아지듯이 인간의 그림자가 드러나
인간사에서 진실과 거짓의 유동성이 드리워
서로 신뢰로 일을 하면서 이로우면 맺고
해로우면 끊고 만약 상반되는 인간 사이

앞에서 말씀의 그림자를 드리우면
뒤에서 행동의 그림자가 드러나면
언행 일치의 신의의 확신에 차서
표리일체表裏一體로 착실하고
반면에 표리부동表裏不同한
언행불일치의 불의의 불신감으로
또 다른 뭐가 있는가 의심하면서
부실하여서 생애를 잘라먹고
앞은 있어도 뒤는 없어도 된다

이악 그악하면 단호히 거절하는데
인간의 표면이 이면과 일치할 수 있고
불일치할 수 있고 이면과 다른 표면에 난감
전과는 진짜 같으니까 후과는 가짜 같으니까

진정眞正한 지 안 한 지 심각하게 치중하면서
인간과 인간이 빛과 그림자를 헤아려야 하는
냉철한 이성의 빛을 비취게 하여
골똘히 현저히 자꾸 생각해 본다

닷옴 그래서 닷옴이 그리움

다붓하게 아이들이 한 떼가 모여들어서
다붓다붓 앉아 수선스럽게 나불거리며
홰홰 가둥거리며 가댁질하여 뛰놀아
선생님들이 엄발나면 추켜세우며
앳되거나 어리거나 바글바글 거리다

안무 선두에서 남녀 선생님이 추어주며
율동을 하니 앞에서 하라는 대로 인솔한
선생님들과 다솔 아이들이 뒤에서 받아
체육관에 음향이 웅장히 울려 퍼지는
음악에 맞춰 쪼로니 따라 하며 춤추다

꽃 몽우리 아이들이 재롱을 활짝 피우며
올망졸망 거니채니 짜임새 있게 춤을 추는데
모모이 어리둥절 얼쯤얼쯤 엄벙덤벙 엉성해서
들쭉날쭉 어리바리 뒤내면 어느 선생님이
아랑곳하여 소마소마하게 다그쳐 추키다

아이들이 흥겹게 바닥을 힘차게 차올리고
강동대며 움직이니 모모 아이는 허둥지둥
엉덩방아 찧고 자빠져도 허겁지겁 일어서

당싯거리니 모 아이는 시룽시룽 주춤하여
딴청을 부리니 선생님이 어서 추켜올리다
빠글빠글 시끌벅적한 소리에 퉁어리적은
어슷비슷 춤을 추는 아이들 가득 볼 때마다
모짝 새록새록 움튼 새싹이 애지중지 자란
명랑스러운 애송이 꽃을 거두어 가꾸었고
자못 한 올 지고 가까워져서 되짚어 보면
모짝모짝 멀어져서 꽃날이 오래되었음

청년이 일찍이 세월 네월 기나긴 늦게나마
장년에서 마슬러 보면 어우렁더우렁 춤추는
어린아이들 같이 한 아이의 떠오르는 연상
풋사랑이 묻어난 순전하고 천진난만했던
허물없던 아이와 영영 헤어져 아스라이
풋풋한 꽃자리가 허우룩하여 굄성스러움
도담히 기르는 아빠랑 엄마가 화분에 조리개로
담뿍이 물을 내리붓어 스미어 듬뿍이 핀 아이
닷옴 삼촌이 신나게 추어올리며 씩씩한
닷옴이 아이를 파릇파릇 모락모락 놀아
거푸 무럭무럭 푸릇푸릇 늘품 안고 굄

물비늘이 눈부시게 빛난다

나대로 너대로 홀로 가기로 했어
나처럼 너처럼 함께 가기로 했어
격랑激浪의 물결로 흐르기로
단일이든 합일이든 되돌아오면
파고波高의 생활을 얘기해 보자
파도波濤의 물결로 일렁일렁
패기로 부딪쳐라 각개 격파激波
격동激動의 우여곡절을 겪으며
풍파風波와 뒤섞여서 뒤집어엎고
세파世波에 시달려서 노도怒濤

파란波瀾이 일어 포말로 흩어지는 물방울
파랑波浪에 뒤말리고 너울이 들이닥쳐
변화의 물결로 소용돌이가 출렁출렁
파급波及에 솟음 솟음 용솟음치며
끊임없이 나오고 드는 파동波動
여파餘波가 돌기 사납게 찰랑찰랑
뭍에 돌아와도 파문波紋이 일어서
고단한 해파海波의 삶을 안도하면서
눈물바다에서 웃음바다로서
물비늘이 눈부시게 빛난다

햇살의 환희

삶이 평안하면 기억 속에 웃는 한 아이한테 달라붙다
삶이 불안하면 가슴속에 훤히 웃긴 아이가 달싹대다
웃게 하는 아이의 따사로운 햇살의 분위기처럼
우중충한 비 사이에 다사로운 햇살의 기분처럼
건들장마나 오란비 그치면 햇살의 환희처럼
늘 부정에서 긍정으로 회복될래요

소라고둥 껍데기

우리 집 정원에 생뚱맞게 자리 잡은
겉은 나팔 유사한 속은 나선의 껍데기
이름이 무엇이었나 어디서 있었나
어떻게 지냈나 궁금해 알아보니
소라고둥 껍데기

고둥 껍데기를 들어 볼 거나
앞 돌아 들어간 소용돌이무늬만 남아
귀 기울이면 뒤돌아 나오는 파도 소리
내 마음속 우러나온 소리와 순일한 감정
아이가 보고파 들어본다

고둥 껍데기를 불어 볼 거나
소라고둥 소리를 뿜으면 돌아올 거야
소라로 만든 나각을 뿌우 불어보면은
아이가 가까이 오는 소리가 동일한 감정
아이가 보고파 불어본다

내 마음속을 들어 볼 거나
두리번두리번 달려오며 조응하듯
집에 온 아이를 다시 만나듯이

또 돌아오지 않지만 마음은
와선으로 휘돌아 오고 간다

내 마음속을 불어 볼 거나
도리반도리반 달려가며 상응하듯
집에 간 아이를 다시 만나듯이
또 돌아가지 않지만 마음은
나선으로 휘돌아 가고 온다

항상 기뻐하라

친한 누구끼리 거드럭거리며 정들어도
누구나 징징대는 외로움이 따르고
누구와 따끔 따끈하다면 그리움이
누구를 따갑게 그리우면 따라다니는
누구는 그리운 그림자가 따라나서는
누군들 항시 슬프지 말고 항상 기뻐하라

곰비임비

물 위에는 보추 구접스러운 둠벙이라고
본디 좁은 붙박이 삶을 편잔하지만
근사모은 물 아래에는 속 빈 강정이 아닌
옹골찬 샘물이 들고나가서 결곡하다

샘터에서 이웃에게 초름하여 서머하고
서름하여 걱실대며 두세 두세 입담으로
터전에서 구어박히어 깍쟁이 얄짤없어
깔쌈 여투고 옴니암니 모투고 노느매기
깔끔 엔간히 샘물을 뒤두어 모투저기고
씀씀이를 깨단하여 둠벙에 알짜 있어
조리차 그러모은 물들어 쓰며 도리기

거듭 우묵 끌끌한 둠벙에 곰비임비
도래샘 뉘연히 들꾀어 모람모람 벗과
아람치 돌라 주고받고 나누며 도르리
움푹 파인 샘물을 먹매 주린 들피에게
짐벙지게 도르래로 당겨 가년스러운
물댄 곳에 온김을 알심 뿜어 주고
엄청 두레 품앗이에 두남받다

야속해도 또 다른 곳에 가서 보라

저 강물은 평소에
유연했던 여유로움은
어디 가고 자릿한 풀잎을
처량하게 억세게 강물로
매몰차게 휩쓸고 가네

자지러지며 소스라치다
뜯겨 뿌리째 뽑혀 나갈라
급류라는 변명으로 불어
너무 급하게 흘러가는
성난 강물은 깎아지른
절벽에서 계속 세차게
휘날리는 물보라와
물거품이 이는 폭포로
억센 강물로 떨지다

사납고 혼란스러워
또 다른 특성 한편에서
강물이 걷잡을 수 없이
성한데 다른 한편에서도
숲이 몸부림 아우성치며

성난 폭풍이 거침이 없다
폭풍이 세게 불어 거칠다
폭풍이 억세게 불어 떨리다
폭풍 때문에 수풀이 흔들린다
폭풍 때문에 가지가 떨어지다

폭풍의 세찬 바람으로 애석해지는
어색한 상한 길섶만 보지 말고
야속해도 또 다른 곳에 가서 보라
합력하는 사람들이 성난 풍랑 속에서
힘을 모아 배를 정박시키고 있다

한밝에 느껍게 흐놀다

우리 삼촌이다 무람없이 어리롭게
어떤 이에게 유별나게 떠벌렸던 애가
어디쯤에서 아리땁고 무람하게 커서
어느 곳에서 마음씨 고운매로 자란다

자그마한 애가 삼촌의 품에 안기니
냅뜰성의 오지랖에 가만가만 있게
삼촌이 힘이 겨워도 조그마한 애를
두 손으로 끌안고 서서 오래 곰돌다

삼촌이 좌우 두 팔을 번갈며 애를 안고
오래오래 주위를 서성거리며 돌아다녀
아직도 잠포록한 마음이 흐림의 날에는
차츰 해맑게 벗개려 가슴속에서 삼촌이
애를 올리고 내리고 오른팔 왼팔로
갈마들며 한밝에 느껍게 흐놀다

됨됨이를 위하여 떨쳐입다

옷매무새가 곰삭고 케케묵어
낡아 메떨어져서 너덜너덜
추레하여 끄레발 초라떼어
바지저고리 든난벌 맵자하여
사람됨이 실없어 보이지 않게
옷매무시를 여미어서 떨쳐입다

생김새가 끌밋하고 멀쩡해도
왜장질하고 쌩이질하며는
데퉁스럽고 볼썽사나우니
저어하고 해망쩍어 가리사니
됨됨이가 속없어 보이지 않게
어연번듯하게 점잖고 미덥다

홀홀히 번지르르 후리며 허영심에
워낙 허세를 부리고 허풍을 떨면
파임내면 실속 없어 약비나다

타인에게 기대감 거꾸로 본인에게

착하면 녹록하게 바라보는 진짜 바보가
착하면 녹록지 않게 보는 가짜 바보에게
조롱하고 바보야 바보야 욕해도
안 만나면 그만이지만 이익에 입각해

만날 수밖에 없으니 어떡해
가짜 바보는 진짜 바보처럼
악한 쪽 맞는 일을 좋아하지 않아

진짜 바보는 가짜 바보처럼
선한 쪽 맞는 일을 좋아하지 않아
함께 남을 수 없이 서로 싫어해
보복하면 꼭 같은 사람이 될 거야

인정받기 위한 타인에게 기대감
거꾸로 본인에게 기대감 적용하기
미안해 진짜 바보가 되지 못해서
가짜 바보가 되어 바보라는 말에
심지어 발전할 수 있어서 힘이 돼

인류애의 사랑

사랑하기 싫은 마음은 가라
우연이 아닌 필연으로
인연이 되는 사람들은
정이 들어서 우정이지만
남녀 간 결혼의 조건에 의해
사랑의 콩깍지가 씌어도
이혼의 슬픔이 벗겨지는데
인류애의 사랑은 아이를
기쁨으로 돌보아 살피므로
강자가 약자를 긍휼히 여겨
자신의 아이가 아니어도
사랑하고 싶은 마음이 오라

꽃집 아이의 고갱이 사진

꽃집 아이의 어필하는 얼굴의 표정을
고갱이로 이모저모 생활하는 사진을
실제로 휴대하는 카메라폰으로 찍어
하나씩 모아 두고 한 번씩 보며
가끔씩 바탕화면에 갤러리에서
싸이월드에 가져오기 하여
진지하게 일일이 저장하니
언제 봐야겠다면서 망각하다

아예 일에 바빠서 한동안 잊다가
아는 곳에 보존되어서 안심했는데
사진을 드나르고 싶어 접근하니
감쪽같이 폐쇄되어 좌절하여
시간이 가도 허탈감에
왜냐 영원히 못 보는가
깜짝 개방된다는 희소식에
꼼짝 새수나게 서둘러 보다

본디대로 포토 그래프가
그대로 색이 바래지 않아
곧이 변함없이 생동하니

곧이곧대로 언행을 시 씀
느직이 시답게 그리는데
멈칫 그림을 빈번히 봄
토박이말로 갈고 다듬고
상투어를 신박한 언어로
적중하게 표현하려 글 바꿈
도저히 못 따라 하도록 글 씀

애짓다

한무릎공부 글속
가갸글 배움배움
모지랑이 적바림
애짓는이 닐르다

옮기힐후고 말가리
드위힐후고 밑절미
고티힐후고 졸가리
그리힐후고 애짓다

차림표

실례합니다만 결례예요
응답으로 보응하는 심경
공감 결여로 나타나는 현상
잘 됐으면 심술궂어 배 아프고
안됐으면 샘통 잘 돼요 꼴좋다
강새암의 반응에 대한 황당
심사가 비틀어서 문드러진
인물과 속상하게 살아야 하나

비틀어지는 심사는 잘라야
미결에서 해결이 시급한데
하물며 좋은 인간에게도
상하게 할 수도 있으니
인간과 인간 사이에서
비틀어져서 정리해야
셈나게 별다른 연유가 없으면
심사가 반듯한 차림표 차리다

심통한 텃세

심통한 텃세를 부리면 법적 대응은
자발없는 일이라서 억울하면서
사실에 부딪히면서 화나고 싶어도
실사는 무슨 곡절로 이러할진대
갈림길에서 평탄 길을 갈지라도
설혹 화해하지 않고 가면
설전 아니할 뿐 함구하니
같이 갈 길 가야 하면 문제라서
맙소사 고단한 상크름한 길이군

가파른 길에서 갈등하고
화합하지 않아 분열하니
갈림길에서 순탄 길을 갈지라도
아뿔싸 괴로운 시크름한 길이야
잘해주면 신임받고 못 해주면 책망받고
안 해주면 질책받고 잘해와 못해는
안 해하는 회피보다 더더욱
익힝 나아지려 하는 것이니
쫄지 말고 호기롭게 얄라차

심상치 않을 시기에 대응의 차이로

잡목으로 딱 부러지는 땔감으로 나아가느냐
잡곡으로 잘 휘어지는 수확으로 나아가느냐
과정과 결과가 어그러지면 상호 간
모면하는 게 유연하고 현명하니
동행하면서 엇나가고 엇나오고
왜곡하며는 간곡하게 부탁을 해도
시시한 트집으로 꼬투리를 잡혀
옴짝달싹 자유롭지 못하니 호상 간
제 갈 길 가게 두고 간섭치 말라

니체와 상반된 내세관의 입장

사람의 존재란 동물과 초인 사이에 매인
하나의 밧줄 같은 존재 심연 위에 걸쳐진
밧줄을 걷고 있는 존재인데 건너가는 것도
중도에 있는 것도 뒤돌아보는 것도
무척 두려워 달달하여 공포에 질린 채
부들부들 밧줄에 멈춰 서는 것도 위험하여
니체의 설명은 초극하는 초인이 되어라

모든 사람들은 성공하려 잠시 허리를 굽혀
들메끈을 고쳐 매고 고개를 돌아보지 않고
각오를 단단히 하여 앞만 보고 뛰어가며
아주 멀리 가서 신발이 닳아빠지면
새로운 신을 신고 실패할 때마다
신발의 끈을 다시 묶고 질주하더라
일의 끝이 시작보다 낫고 창조하라

염세주의와 운명애를 강조하는 니체는
육체의 쾌락을 억압하는 것이야말로
자기학대라고 주장하며 신체적 욕구를
억제하지 말자며 대지에 살고 있는 곳을
탐하자며 힘에의 의지로 승리해야 한다며

차라투스트라는 신은 죽었다 기염을 토하며
신을 죽인 인간을 더없이 추악한 자

차라투스트라는 이렇게 말했다 중에
우리가 사람이 아니라 추상적인 것을
사랑한다는 생각을 거부한다고 일갈하는데
선각자로서 니체와 상반된 내세관의 입장은
지상 최대의 궁극적 선교는 예수 그리스도의
영감 어린 복음을 천하보다 귀한 영혼인
만민에게 구체적인 것을 전도하라
당장 사랑이 갈라지면 미움과 증오로
파탄될는지 모른대 그런즉 너희는
먼저 그의 나라와 그의 의를 구하라
그리하면 이 모든 것을 너희에게 더하시리라
어쩌다 이런지 평정심으로 완곡히 묵도하고서
어찌하여 곧 말랐나이까 만일 너희가 믿음이 있고
의심하지 아니하면 이 무화과나무에 된
이런 일만 할 뿐 아니라 이 산더러 들려
바다에 던져지라 하여 될 것이요
크리스천의 이상은 능치 못할 일이 없느니라

꿈나무

뿌리 얕은 나무라서
곁고틀고 건둥반둥
반둥건둥 시름겹고
바람 따라 뒤치면서
나약한 속생각으로
가련하게 휘청이다

뿌리 깊은 줄기라서
퍼르퍼르 울멍지고
담상담상 뜨막하게
태풍에 아귀굳세어
검불덤불 뿌다구니
샘바리가 감질길게
해코지를 끈질길게
사막해서 구메구메
제낄손이 해치우다

겨끔내기

부정적으로 불행하다는 슬픔을
웅숭깊게 행복하다는 기쁨으로
긍정적으로 되돌리며 겨끔내기
의식 속에 초조감에 불안하지만
무의식 속에 초월감에 평안하여
즉시 번갈아 올 곱게 보아 시부저기
존재를 하대 받고 존대를 주지 않는
주변 인식이 팽배해도 존재를 존중받고
무시를 주지 않는 자기 인식이 중요하다

정체성이 해바라기 불꽃

중천에 떠 있는 뾰족 해님
둥근 테두리에 잎이 한 잎 한 잎
뾰족뾰족 테를 내며 불사르기
불을 받으시오 대낮에 내리쬐면
이글이글 해바라기 불꽃은
하늘에 해님과 바라보는
방향이 똑같고 동질감이 있어
정체성이 해바라기 불꽃이라
어글어글 불사르기
저녁녘에 사그라지는 불꽃으로
해님이 지평면 아래로 꺼져가
환한 달님의 주위가 캄캄해져
하늘에 달님과 바라보는
방향이 똑같지만 이질감이 있어
야간에 해바라기 불꽃 모양의
잎을 접어 되잠자기

새벽녘에 꺼지지 않는 불꽃으로
해님이 지평선 위로 불타나듯
야밤을 가르고 치솟으며
주야를 가까이 멀리 섭리하시니

강렬한 해님에 후광의 배경으로
주간에 해바라기 불꽃 모양의
잎을 펴서 되사르기

설중매

백설 속에 만개한 작은 매화
어여쁜 꽃이 소박하여 운치 있어 전부만 보더라도
겨울 한철 강설 추위에 강건한 축복을 누리다

혹한 날씨에도 애먹임의 봉오리가 되어 꽃잎이
먼저께 활짝 핀 꽃송이로 팍팍 터트려 싱글벙글하여
때가 되면 동그란 매실의 열매를 거둔다

그런데 인간은 고정관념과 선입견에 의해
성공한 걸 속단하며 자랑하고
일부를 다가 아닌데도 실패하면 생채기를 내어
저버림을 받을까 근심한다

나중 새순을 틔우게 북돋아 격려해 주기는커녕
울먹임의 실망을 위로해 주지 않을망정
흰 눈 속에서도 포기를 생각조차 하지 않는
설중매를 도리어 본인은 돌이키며 살겠다

누가 나를 단정하더라도 나의 가치는 정죄할 수 없는
귀한 창작품이니 창조주를 앙망하고 나는 낙천적으로
신뢰된 타인과 은혜를 맞바꾸면서 칭찬하고 매듭짓다

내딛다

다른 이가 어떻게 보는가
내디딤 타인에게 있는가
감질나며 내디디다

스스로가 어떻게 보는가
내딛고 자신에게 있는가
집중하며 내디뎠다

디디다

걸음질 데알다
맛조이 가루다
낱낱이 디뎠다

4부

띠앗

사람의 원수가
자기 집안 식구라
어째저째 밥 한술 더 뜨고
복음화가 되면 어찌저찌
곁찌로 나눠 먹는 모둠밥

아침

타성으로 인해 작동하는
타인의 객관은 어서 가세요
개성으로 인해 동작하는
개인의 주관은 어서 오세요

띠앗머리

더할 나위 없이 띠앗의 우애를 맺고
구주께서 가온으로 가라사니
앞걸음 치다 고비 고비에
아찔아찔 뒷걸음치다
기암괴석에 들쭉날쭉
굴곡 휘어진 에움길로
시온 산 정상으로
마주치려 걸어야 해

꼬이는 방탕의 가욋길을
가더라도 경계하고 가고
가면서 유혹하는 손짓과
욕망의 꼬드기는 흰소리와
꾀임에 빠질라 손사래 치고
은근슬쩍 뒤돌아보지도 않고
발걸음 물러 나와 우리의 믿음
헛걸음치지 말고 걸어야 해

주께 힘을 얻고 그 마음에
시온의 대로가 있는 자는 복이 있나이다
저희는 눈물 골짜기로 통행할 때에

그곳으로 많은 샘의 곳이 되게 하며
이른 비도 은택을 입히나이다
저희는 힘을 얻고 더 얻어 나아가
시온에서 하나님 앞에
각기 나타나리이다

예수 그리스도께서 가라사대
가온누리에 빛을 발하라 하셨듯
희떫은 이브가 선악과를 따먹어
아담도 올무가 씌워 원죄를 짓듯
희짓는 백성이 바라바 외치듯
무지몽매한 나그네의 생애이듯
그럼에도 불구하고 나의 목자시여
이제 지체는 많으나 몸은 하나라
가온길을 걷고 가론 띠앗머리

김 서린 안경

겨울의 추위에 코 입에서 나오는
김이 자꾸 안경을 희미하게 한다
가슴 서린 희멀끔하게 안개가
아슴푸레 둘리어 올 때
희뿌연 찬 안개에 눈 얼림
자꾸 닦아도 미혹이 소슬하다
냉기가 떠돌으는 언짢은 기분에
마찬가지로 죄성이 창피하다
부끄럽지만 용기를 갖고
내가 아닌 남을 위해
사랑의 종소리를 울리면
혼미한 가린 안개를 건너
거리에 지나가지 않고 멈춘
사람들이 가슴 어린
따뜻한 사랑의 손길로
불우한 이웃에 사랑을 담는다

혜윰

볕이 헤실거려도 다랍게 습윤한 정서
다습한 무더위에 허투루 수난에도
음전하게 빈말이 아닌 정말로
뜨뜻하게 미움이 가닐거리며
뜨끈하게 가슴속에 불만을
풀쳐 혜윰하는 이름이여

미지근한 먼동이 틀 오늘에
실망이 아닌 희망을 품고
보람 있게 지내는 풀꽃으로
은혜 있게 빛나며 해지는
내일도 영롱히 향상하는
비록 저뭇해도 초롱 하여

무심히 내 탓은 꼼바르면서
유심히 남 탓은 샘바르면서
짜증 난 찌푸려지는 악순환이니
땡볕의 몸부림에 변화하려고
뙤약볕의 부르짖음을 보시리
굳세게 슬기의 힘으로 볕바라기

십자가 교제

해오름 붉으락푸르락 수평선이 드넓어
새벽에 고귀한 예수님의 임재를 믿고
계급과 나이와 상관없이 십자가 교제
일대일 하나님과 수직적인 청종을 위해
귀중한 빛의 길에 한 명 두 명 세 명 네 명
하나로 좇아 수평적인 사랑의 함성으로
부흥의 불길 타오르게 하소서 소생하여
모두 다 하나 되어 합심하여 기도하면
온 세상을 관영하여 비추며 낮 동안
드높아 수고로운 수평선의 해거름이
주님에게 내어드리듯이 주일성수를
세상의 어둠을 감당하고 환히 드림

혼돈의 대상

어둔 곳에서 밝은 곳으로 밀어내는
밝은 곳에서 어둔 곳으로 밀어내는
어둔 곳에서 밝은 곳으로 끌어당기는
밝은 곳에서 어둔 곳으로 끌어당기는
어디로 이어지는지는 잘 모르지만
대상을 좋아하거나 싫어하거나
이익과 손해의 대상이거나 아니거나
겉과 속의 양면성이 어떻게 변할지 몰라
명암이 어떻게 엇갈릴지 혼돈의 대상

아름다운 생명

태양이 달빛을 비롯
온 세상을 비추기에
다수의 사람이 믿어
의심치 않고 하마터면
보이는 게 다가 아니라고
소수의 사람만
안목이 확연해
잠자코 깨치구나

어둠의 한계에서
스스로 비추지 못하는
먼 태양의 빛을
가까운 달이 반사해
차고 기울어진다는
밤이 깊어져야 여리고
야린 빛을 대충 낼 뿐
태양의 지배에 달려 있는
심약한 근성의 달이여

발광한 태양빛으로 인해
하늘에 같이 떠 있어도

달 모양은 허약하게 잠기고
태양이 저물고 캄캄해지며
완연히 달과 별들이 빛내지만
우주 안팎을 섭리하는 기묘자로
그로부터 시작되고 끝난다며
아름다운 생명으로
나로부터 시작되고 끝난다며
양심을 내비치자

역설

부지런한 자가
게으른 자보다
뜻대로 되다 안돼
노력이 많아도 질 수 있고
노력이 적은 사람이
이길 수 있습니다

뜻하는 귀결로 자리매김하려면
적실한 뜻은 이전에 부정확에서
이후에 정확한 노력을 기울이니
도전하고 응전하며
역설이 되지 않게
결론이 되어야 함

고백과 독백 사이

우연히 어디서 만나가다
필연이 어떻게 만나 오다
사랑해서 용기 있게 고백해도
귀착점이 쌍방에서 일방으로
종착점이 애착에서 집착으로
마침내 정리하여 이별하는 것

결국에 쓰리게 단념해야 하는 것
종국에 쓰라리게 체념해야 하는 것
몸은 가까워도 마음은 멀어지려
서로 양해를 하며 헤어져서 독백하기

겸손히 아울러 흐르는 하천河川

겸손은 겉사람이 드러나지 않고 속 사람이 드러나는 것
내려와 흐르다 좁은 자리 흐르다 내려와 얕은 자리
흐를수록 아래로 아래로 물살이 매우 빠를수록 좋다는 듯
골고루 편만遍滿이 흐른다

겸손은 겉사람이 드러나지 않고 속 사람이 드러나는 것
넓은 자리 내려와 흐르다 깊은 자리 흐르다 내려와
아래로 아래로 흐를수록 물살이 매우 느릴수록 좋다는 듯
골고루 여유餘裕로 흐른다

일생一生에서 상대를 존중한다면 들판을
가로질러 흐르는 천川으로 오면 올수록
아래를 아우르면서 낮아져야만 하는 이유는
무릇 자기를 높이는 자는 낮아지고
자기를 낮추는 자는 높아지리라

애초에 못이나 호수로 안주했다면
낮아지지 않았을 텐데
가면 갈수록 높아져야만 하는

겸손히 아울러 흐르는 하천河川으로
간구懇求 하지 않았다면
낮은 곳에서 높은 곳으로 높아지지 않았을 텐데

포도 송아리

나는 내가 사랑하는 자를 위하여 노래하되
내가 사랑하는 자의 포도원을 노래하리라
내가 사랑하는 자에게 포도원이 있음이여
심히 기름진 산에로다

포도 떨기나무 가지에 사랑의 열매를 맺어
농부가 소중히 여겨 포도 송아리
한 송이씩 따서 쟁반 그릇에 포도 알알이를
안다미로 담아 쟁이다

구쁘다 서근서근 입아귀 아늠 먹음새
더운 여름에도 너나들이 모여서 맛바르다
훈감하다 몽글몽글 농밀이 짙어 먹새
산뜻 가을에도 너나들이 신맛이 감빨리다

터득

사람이란 게 그렇거든
나쁜 마음을 더러 먹어도
나쁜 짓을 하는 사람은 많지 않아
좋은 마음이 적지 않으니 따라서
내가 너희를 사랑한 것 같이
너희도 서로 사랑하라고 하신 것
사람은 나쁜 것보다는 좋은 것을
갖고 머물고 대면하고 싶으니까
더 어려워도 나쁜 게 아니야
덜 쉬워도 좋은 게 아니야
더욱 터득하는 거야

장미꽃 너에게로

천상을 지향하며
지상을 지양하는
더함에 칭칭 휘감아
황홀한 매혹의 매력에
혹간에 끌려가듯이
홀리어 끌려오듯이
장미꽃 너에게로
말려드는구나

눈물의 애수로 보지 않고
장미 넝쿨 꽃을 볼 때마다
제멋대로 시점의 눈길에서
너는 자유롭지 못하구나
막상 우아한 장미에 감돌아
어느 좋은 사람도 나쁜 사람도
다가오지만 꽃과 더불어 감도는
찌르는 가시는 농탕치는 헛소리에
뒤놀지 않고 헛탕치는 빈말에도
농락당하지 않고 선악을 가리는
예리한 분석이 싸늘히 서려 있구나

장점인 줄기의 꽃에 따뜻함이
단점인 가시넝쿨의 차가움과
장단점을 바꾸어 보니
지혜로운 꽃이구나
뭇 인간에게 뽐내면서
덜함의 입김으로부터
삶을 지키는 화사한 꽃
애통한 시련에 와중에도
참 사랑에 되살아 나는
꿋꿋한 심지의 장미꽃 넝쿨로
하늘을 우러르는구나

상처가 옹이로 오달지다

상처받은 자아는 상처 주는
타아를 미워하고 분은 내어
갓 상처를 받고 이불 속에
가만히 있으면 그저 지나가 버린
세월은 나중에 아무것도 아냐

상처받은 타아는 상처 주는
자아를 미워하고 분을 내어
갓 상처를 받고 도로 쏘는
한빛을 보지도 못해 지나와버린
시간은 나중에 아무것도 아냐

건승하라 비판하면서
좋은 말이 아닌 나쁜 말은
힐난이 되고 노여움에
옹졸하게 화를 돋운다

온유하고 친절하면서
자애로운 대답은 상이한
차이가 있어도 분노와
괴로움을 가라앉힌다

난데없이 갈등에 뜨악해도
상처를 선량한 말로 바루다
흉터가 아물어 치유하여
무지 단단해져 시원하다
무장 따따부따 합력하며
무진장 옹이로 오달지다

안달 날 때 심상의 날개를 펴자

뻐기지도 못한 어렵다 쉽다 나의 인생에
비행하려 서슴없이 내려치고 올려 치고
우리의 욕심을 버리고 온전히 아이같이
선량한 마음으로 주님을 의지하자
함부로 망가뜨려서 깝깝해도
직관이 빗나가도 어긋날지라도
안달 날 때 심상의 날개를 펴자
막막한 마음 차가운 밑바닥에
뻗어 내려 녹이는 뜨거운 관심

불씨의 빛 한 가닥 곤비한 몸
때 잃어 혼곤한 지쳐있는 나
되풀이돼 깨어나리라 깨어 있어라
빠르고 빨라도 늦추고 늦춰도
시계가 돌아가도 이른 새벽부터
부지런해도 깨어있지 않으면
무엇이든지 헛되고 헛되도다
사위스럽고 비슷한 처지에게
너저분하고 애달파서 떠도는
차가운 머리로 깨닫는 성마른 기도
뜨끈 미진한 심상에 번지는 날갯짓

열정을 불살라 육신의 영별 때문에
현상의 가치에 몰두하느냐
정열을 불살라 정신의 영광 때문에
신실의 가치에 몰입하느냐

나의 자아가 깨지고 무너져야
비로소 싸움의 불이 붙어 불사조
쇠사슬로 심상을 묶는 제약에도
끈질기게 미완의 완성을 향한
성령의 불길이 타오르는
끈기가 꺼지지 않으리라

스스로 안아주세요

일의 까닭에 사유를 잘 모르는
남들은 남들에 대해 어떻게 되든
아무런 관심이 없어요
님이 어떻게 살든 관련이 없어요

일의 까닭에 이유를 잘 아는
가족들은 가족들에 대해 어떻게 되든
자꾸만 관심이 있어요
님이 어떻게 살든 관련이 있어요

아니 올시다 하는 사람들
가족도 급기야 도움이 되지 못해도
스스로 다시 일으키고
굳게 서서 견뎌야 해요
가족도 나를 대신할 수 없어요
낙심할 때마다 자존감을
스스로 높이세요

온갖 고민이 나를 괴롭게 해도
물질적인 것을 떠나 남은 나를 몰라도
흔쾌히 동감해 줬던 누군가 있었듯이

설령 나를 몰라줘도 자존감이 낮으면
햇무리로 위로하여 원활하게
달무리로 격려하여 원만하게
스스로 안아주세요

늘해랑

밝은 해의 사랑
시기와 질투를 싫어해
잘 됨을 기뻐해 주고
잘못됨을 슬퍼해 줘요
늘 해와 함께 살아가는
밝고 순수한 사람은
불순하지 않아요

알찬 해의 사랑
자발적 공동체인 도움의
삶의 행복을 잘 알아요
불행한 사람을 도와주는
늘 해와 함께 살아가는
알찬 감사한 사람은
원망하지 않아요

뜨는 해의 사랑
강할 때 약자를 경시하지 않고
약할 때 강자를 중시하려 하는
중심이 자신이 아닌 타인으로
늘 해와 함께 살아가는

뜨는 겸손한 사람은
교만하지 않아요

이 세상이나 세상에 있는 것들을
사랑치 말라 의롭지 않는 집단이
다수여도 세상에서 소수가 돼도
거룩한 오직 한 분에게
믿음을 주고받는바

말글 부려쓰다

옛말 글 모이다
밑말 안쫑잡다
밑글 이르집다
말밑 고쳐 쓰다
글말 톺아보다
말글 부려쓰다

나나 너나 비교는

경쟁 사회에서 비교로 상처받지만
잘 된 나나 안된 너나 안된 나나 잘된 너나
절망에서 희망으로 희망에서 절망으로
나나 너나 돌고 도는 마음

불행의 시작이 아닌 행복의 시작은
희망 사이에서 소망을 절망 사이에서 소망을
희망과 절망이 뒤바뀌어도 불행의 끝이 아닌
행복의 끝은 그 속에서 소망을 찾아

나나 너나 비교는 너희가 비판하는
그 비판으로 너희가 비판을 받을 것이요
너희가 헤아리는 그 헤아림으로
너희가 헤아림을 받을 것이니라

향기香氣

아주 잘 할 거야 힘내
고마워 너도 아주 잘할 거야
꿀송이 향기香氣 나는 말
향기香氣 풍기는 선한 표현을
되받아 선한 말은 꿀송이 같아서
마음에 달고 뼈에 양약이 되느니라
선한 말로 유혹했던 위선僞善은
잘못된 열매를 따 먹게 하지만
선한 말로 종용했던 지선至善은
잘 된 열매를 따 먹게 이르러
사람은 입에서 나오는 열매로 하여
배가 부르게 되나니 곧 그 입술에서
나는 것으로 하여 만족하게 되느니라
사람은 물질적인 배부름이 덜하면
배부르고 싶지만 정신적인 것에
등한시하면 배부른 사람일 뿐
입에 열매로 말미암아
사람으로 하여금 만족을 얻는다
사실 교묘한 말로 비난非難 하기를
좋아하는 나쁜 사람들이 있다
그럼에도 열매를 맺고

선한 말을 하기 위해
말씀 구절의 진한
까닭을 일깨운다

고팽이 인생

걸음마부터 고팽이 인생
숱한 수시에 나타난 사람
간혹 불시에 나타난 사람
그들 이들 저들 각자도생
내쫓기고 내몰아도 갈 길 가야지
주변이 어떻게 되든 걸어가는 길
죽지 않고 살아내며 가야지
각자 결단코 길을 가자
정답과 오답은 가면서 스스로
결정하고 답이 멀어지다
가까워지다 멀리서 가까이서
지근거리에 있냐 없냐
다짜고짜 거기 여기저기
답을 묻고 답을 말하고
대략 난감해도 말이 되어도
말이 되지 않아도 각자 인생에
사생결단 하며 책임지며
답을 찾아가겠지

방향이 없을지라도
답을 자기가 만들어

방향이 있을지라도
너무 다르면 돈독해도
전혀 같이 못 간다
걸어가는 길이 다르면
참견은 불편한 사람
걸어가는 길이 같으면
참견은 편한 사람
반드시 꼭 거리를 유지하며
선을 넘어가지 않아야
아무렇지 않다

스스로 판단하여
오판해 실수해도
고생하는 일생
그만해 하지마
찾아나가면서
결자해지 하니까
뚱딴지같이
그러니 이러니저러니
겉치레로 탓하지 말아라

다그다

경박한 막말을 접고 접어야
주둥이가 방정해 내버리다
정중한 말씀을 연속 펼쳐야
다소곳한 총애로 내붙이다
저 작품의 창조물에서 배인
품격으로써 은밀히 다그다

주만 바라볼 찌어라

하나님은 외모를 취하지 않고
기필코 오직 중심을 보신다
사람들이 내심을 외면을 해도
기어코 주만 바라볼 찌어라

한뉘의 채송화

심대한 세계에서 별 볼 일 없는 게 없어라
그제 꽃자루에 피고 지는 찬연粲然한 꽃
어제 자루 꽃에서 못다 핀 채 져버려도
이제 한뉘의 채송화茶松花는
길라잡이 하는 찬란스러운 풀꽃
참으로 존귀한 꽃 한 송이

항상 지켜주는 굵고 갈쭉한
이파리에서 아기누리 꽃이 흐드러지듯
오롯하게 진배없는 황색과 홍색 및
백색 꽃봉오리 피지 못하고 애절히 져도
다른 자루에 꽃이 피었다 지므로
참말로 단아한 채송화茶松花

저절로 철철이 씨앗이 떨어져서
간섭이 없어도 자생력이 대단해
봉오리가 꽃받기에서 피고 지고
하루살이 종일만 꽃꼭지에서
봉오리 꽃 자체로도 유종有終하지만
꽃 속에 별을 품고 짧은 한때뿐이지만
참마음의 소명召命의 생애

흐린 시간 때에 비를 맞으면 어쩌지 못해
꽃봉이 피지 않고 탐탁지 않아도
씁쓸 털고 앙갚음하지 않고
복락으로 걸어가는 순간
오히려 진실하게 승천 되어

맑은 시간 때에 빛을 맞으면 옹글고 있던
꽃봉이 피어서 탐탁해 무난하여
생생한 꽃으로 대갚음하고
희락으로 걸어가는 시간
오로지 진심으로 승화되어

엇비슷한 반+나절 반짝이는 시듦으로
각기 분수에 맞게 별이 되는 아담한 꽃
귀중한 한생의 명징한 채송화菜松花
그러니 세상에 있는 모든 것이 육신의 정욕과
안목의 정욕과 이생의 자랑이니 이러니
그 정욕도 지나가되 비할 바 어리석은데
저러니 넋두리하는 정서情緒가 겸연쩍음

단언컨대 대강

그날이 가지 않을까
슬픈 일을 성찰하고
점검해야 하는 게
불행하고 메마르다

언필칭 자주 언급되는 대강의 뜻은
기본적이고 중심이 되는 일의 내용
단언컨대 대강 슬픈 상념을 하는 거야
슬픔 넘어 기쁨을 기대하면서
대강 본인을 위시해 직시하며
기쁜 상념을 하는 거야

스스로 돕지 않으면
누구도 도와주지 않기 때문에
스스로 변하지 않으면
주변도 변화되지 않기 때문에
늘 나쁜 상념을 하려고 하면
좋은 상념으로 달라지는 거야

이날이 오지 않을까
기쁜 일을 성찰하고

점검해야 하는 게
행복하고 기름지다

바닥을 치고 선한 마음으로 걸어가야

내 속에 생각이 많을 때에 주의 위안이
내 영혼을 즐겁게 하시나이다
오직 너희 죄악이 너희와
너희 하나님 사이를 갈라놓았고
너희 죄가 그의 얼굴을 가리어서
너희에게 듣지 않으시게 함이니라
길 없는 바다에 폭풍이 배회하듯이
혀 말린 사슴이 시냇물에 목을 축이듯이
지옥 불 못에 내던지는 육체에 기겁해
살으리라 갈증에 목마른 사람이 와서
갈급한 생수를 살려주십시오 찾았더라

진실의 깊은 속에서 말씀이 솟아나는 곳
웅덩이 팬 몸 된 성소에서 물 마시려
마른자리 진 자리든 마다하지 않고
작은 것이 큰 것이 되고 큰 것이
작은 것이 되어 미덕이 있는
평생의 짝꿍을 성경으로 삼더라
신앙과 실천의 표준인 예배의 설교와
성경책에서 맑은 목을 축이며 거듭나니
선한 피난처에 긍휼히 여긴 사람들을

접촉하면 옛사람을 벗고 새사람을 입어
긍휼히 여김을 받고 의인은 악에서
반드시 건져 내시고 악인은 불평을
가져가시고 호평을 넣어 주실 거야

원가지로 가지 않고 곁가지로 가면
저녁나절에 노을의 징조
어두운 뒤끝이 오는 거야
조급할 때 감사한 마음으로 걸어가야
곁가지로 가지 않고 원가지로 가면
아침나절에 노을의 징조
밝은 뒤끝이 오는 거야
바닥을 치고 선한 마음으로 걸어가야
나를 지키시는 예수께 선한 일을 맡기면
주님의 시간에 기쁠 때나 슬플 때나
시도 때도 없이 생명수를 맛보니라

감쪼으다

시문을 쓰려고 기발하게 착상을 하여서 궁리하여 습작을
새기다가 깎다가 장황한 장문을 일필휘지 만들고 괴다
줄거리를 자세히 명쾌하게 읽어 보면서 되도록 고유어로
쓰도록 낯익은 일상어를 들어내고 낯선 고어를 찾는다
벼리에 해당 말을 들어 넣고 맞는 토씨로 떼거나 붙이어
조탁하듯이 매끄럽게 문장을 할금할금 보게 감쪼으다

온새미로

온새미로 마주나기 잎처럼
호박하여 정나미가 있어
과일하여 무하고 다부지어
거간꾼이 도섭부리면 실큼해도
잇속에 고추하여 배추하고
대추하여 됨직하게 배하다

온새미로 어긋나기 잎처럼
오이하여 정나미가 없어
자몽하고 매실매실하여서
갈개꾼이 야살스럽게 돈바르면
다따가 수박하여 포도하고
망고하여 얄망궂게 감하다

자복 기도

십자가 부활을 가슴 뜨겁게 믿어야 하는
성경 말씀도 실천하고 참회해야 하는데
헝클어져 선과 악이 뒤바뀌는 이중성에
엎어지고 주님의 뜻이 아닌 내 뜻이 안된다며
넘어지고 회개도 강퍅해서 눈물이 없을까

예수님을 닮지 못해도 정결해지려 해도
양심에 끄고나서도 번복하듯 흩뜨려져
불지르는 분노에 타서 밀알 믿음도 없어
될 사람은 되고 안될 사람은 안되는구나
왠지 사탄이 쭉정이 위선자로 불타게 하네

구원을 갈구하는 거지 나사로와
부자의 예화처럼 물욕에 부질없는
낙타가 바늘귀로 나가는 것이 부자가
하나님의 나라에 들어가는 것보다
쉬우니라 하시니 질번질번한 부자보다
심령이 가난한 자로 새롭게 하소서

예수 그리스도께서 보혈의 고난으로
대속의 은총을 믿고 절대자를 따르는

순진한 씨앗에서 단작스러운 불량한 단독자로서
자복 기도하나니 알곡을 가리는 타작으로
낟알에 까끄라기 지저분한 더께를 거르고
예수께 말갛게 사하여 심판에서 제하소서

그림과책 시선 313

밤송이가 아람이 벌어지다

초판 1쇄 발행일 _ 2024년 11월 26일

지은이 _ 오한별
펴낸이 _ 손근호

펴낸곳 _ 도서출판 그림과책
출판등록 2003년 5월 12일 제300-2003-87호.

03924 서울특별시 마포구 월드컵북로54길 17 821호
　　　(상암동, 사보이시티다엠씨)
　　　　도서출판 그림과책
전화 (02)720-9875, 2987 _ 팩스 (02)720-4389
도서출판 그림과책 homepage _ www.sisamundan.co.kr
후원 _ 월간 시사문단(www.sisamundan.co.kr)
E-mail _ munhak@sisamundan.co.kr

ISBN 979-11-93560-21-1 (03810)

값 20,000원

이 책의 판권은 지은이와 그림과책에 있습니다.
잘못된 책은 교환해 드립니다.